U0835448

秘传嫡派少林拳

刘鑫宇 著

北京体育大学出版社

策划编辑：吴海燕
责任编辑：吴海燕
责任校对：张志富
版式设计：高文函

图书在版编目（CIP）数据

秘传嫡派少林拳 / 刘鑫宇著 . -- 北京：北京体育大学出版社，2022.10

ISBN 978-7-5644-3539-4

Ⅰ . ①秘… Ⅱ . ①刘… Ⅲ . ①少林拳—基本知识 Ⅳ . ① G852.15

中国版本图书馆 CIP 数据核字 (2021) 第 268038 号

秘传嫡派少林拳
MICHUAN DIPAI SHAOLINQUAN
刘鑫宇　著

出版发行：北京体育大学出版社
址　　址：北京市海淀区农大南路 1 号院 2 号楼 2 层办公 B-212
邮　　编：100084
网　　址：http: //cbs.bsu.edu.cn
发 行 部：010-62989320
邮 购 部：北京体育大学出版社读者服务部 010-62989432
印　　刷：北京昌联印刷有限公司
开　　本：710mm × 1000mm　1/16
成品尺寸：170mm × 240mm
印　　张：12
字　　数：173 千字
版　　次：2022 年 10 月第 1 版
印　　次：2022 年 10 月第 1 次印刷
定　　价：39.00 元

作者简介

刘鑫宇，男，1987年10月出生，河南省郑州市人；大学本科毕业于武汉体育学院，民族传统体育专业，研究生毕业于俄罗斯国立体育大学竞技体育与训练基础专业；2016年硕士毕业后，任上海美格菲健身中心康体总监，同年任中国骨伤学会亚健康分会秘书长，2018年被聘为郑州大学体育学院武术与民族传统体育系教师，从事武术兵道（短兵）的教学工作；主要研究方向是竞技体育和民族传统体育的训练方法、中医与民族传统体育之间的关系。

中华武术有着数千年的发展历史，是中华民族在社会实践中创造的宝贵财富，是中华文化的重要组成部分。

有谚云：“天下武术出少林，少林功夫甲天下。”少林武术作为中华武术的杰出代表，拳法众多，是武术工作者用心练习与研究的首要之选。但少林拳法的渊源，始于何时，创于何人，至今尚无定论。根据民国时期的一些武术资料，梁武帝（南北朝）时期的达摩禅师，在河南嵩山少林寺讲演禅宗经论，见不少僧徒精神萎靡，筋肉衰弱，就教他们练拳强身。“乃为徒众示一练习法，是为少林拳法之渊源”“强身术共成十八势，此达摩禅师开宗手也”，此说暂存，有待考证。

少林寺是汉传佛教的禅宗祖庭，僧人习武即是一种修行，故有所谓“禅武同源，禅拳归一”之说。

少林拳发祥于嵩山少林寺，拳以寺名，寺以拳显，没有少林寺就没有少林拳，这一点不容置疑。少林寺的推广，先是武僧自练拳法，慢慢吸收武林高手，然后向外传播，在民间演化发展。历朝历代，少林寺名家辈出，如唐代的昙宗，宋代的福居、洪蕴，金元时期的觉远、秋月，明清时期的月空、一贯、朝元，近代的恒林、妙兴等。历经悠悠岁月，少林武术逐步形成今天的宏大体系。

达摩派，乃少林古传名门，历史悠久，流传很广。达摩拳法，古朴厚重，象形取意，姿势独特；刚劲有力，灵活多变，动作实用。经常练习此拳法，可振奋精神，坚筋壮骨，增强体质，提高技能。

罗汉拳，出自少林罗汉门，仿罗汉之形，融罗汉之意，练法独特，打法多样，技击性强。罗汉门，高手辈出，近代有少林寺“金罗汉”妙兴、安徽武术家“江南第一脚”刘百川等。

南少林寺由嵩山少林寺分衍而成，是南派少林武术的发祥地。南派少林拳，独具特色，动作优美，衔接自然，技法实用。

目录

第一章 秘传嫡派达摩拳

第二章 秘传嫡派罗汉拳

第三章 秘传南派少林拳

第一章 秘传嫡派达摩拳

达摩派，乃少林古传名门，历史悠久，流传很广。少林不少流派，大都由此演变而来。

仅达摩拳，现今武林就流传有很多种练法，争奇斗艳。今笔者根据师承，结合民国武术家汤显所著的《达摩拳诀》，整理出本套达摩拳法，谨供同道参考。

达摩拳法，古朴厚重，象形取意，姿势独特；刚劲有力，灵活多变，动作实用。经常练习达摩拳，可令人振奋精神，坚筋壮骨，增强体质，提高功力。

一 起劲开势

【练法分解】

1. 两脚并步，正身直立；两手垂于体侧，呼吸自然；目视前方。（图1–1）

2. 左脚向左侧横开一步，两脚间距略宽于肩；同时，两掌经两侧上收于胸前合十；目视前方。（图1–2）

图1–1

图1–2

二 猛虎缩腰

【练法分解】

1. 身体左转，右脚后退半步，屈膝半蹲，成左虚步；同时，两掌下收于两腰前，掌心向上，掌尖向前下方；目视前方。（图1–3）

2. 左脚前移，右腿蹬伸，成左弓步；同时，左掌抡转外划于左膝前上方，掌心向下，掌尖向右前下方，右掌向前插出，掌心向上，掌尖向前，高与腹平；目视右掌。（图1–4）

3. 动作不停。重心移于左腿，屈膝全蹲，右脚擦地向前弧形扫出，成右仆步，脚尖内扣；同时，右掌旋腕成勾手，伸于右腿上方外侧，勾尖向上，左掌屈肘上提，架臂于面部左前方，虎口向右；目视右前下方。（图1–5）

图1–3

图1–4

图1–5

三

猛虎出洞

【练法分解】

1. 重心右移，左脚随即向前方上进一步，成左虚步；同时，两手抡转向腹前合拢，掌棱相对，继向前上弧形屈指成爪上撩，高与肩平，爪心向上；目视两爪。（图1–6）

2. 动作不停。身体向上略起，左虚步不变；同时，两爪屈扣上提，两肘夹紧肋部；目视两爪。（图1–7）

3. 随即，左脚前移，右腿蹬伸，成左弓步；同时，两爪内旋相并，屈指成豹拳，向前抖劲击出，高与腹平，虎口向上；目视前下方。（图1–8）

图1–6

图1–7

图1–8

脚踏金门

四

【练法分解】

1. 身体右转，左脚垫步进身；同时，提起右脚向前踩踏地面，脚尖内扣，两膝微屈，重心移于左腿，成右虚步；两拳随转身，屈肘架臂于头额两侧前方，两肘尖向外，拳面相对，拳眼对太阳穴；目视右下方。（图1–9）

2. 动作不停。右腿屈膝收提，随即向右上方踹出，高与胸平；同时，左肘下垂，握拳竖臂于左腮侧，拳面向上，右拳前伸，置于右大腿上方，略低于右肩；目视右脚。（图1–10）

3. 动作不停。右脚向前落步，重心前移，左腿提起向前蹬出，膝部略屈，高与腹平，脚尖向上，力达脚跟；同时，两拳成爪，竖臂垂肘，左手在前，高过肩部，右手置于左肩前，两虎口均对胸；目视前方。（图1–11）

图1–9

图1–10

图1–11

五

虎爪穿心

【练法分解】

1. 左脚向前落步，右腿蹬伸，成左高弓步；同时，两爪画弧前撩，高与胸平，两爪相并，爪心均向上；目视两爪。（图1–12）

2. 左脚前移，仍成弓步；同时，两爪屈指成拳，向前上方抖劲击出，高与肩平，拳眼向上，拳心相对；目视两拳。（图1–13）

图1–12

图1–13

六

推窗望月

【练法分解】

1. 两脚前滑进身，仍成左弓步；同时，两拳变掌，相并向前穿成托掌势，高与鼻平；目视两掌。（图1–14）

2. 动作不停。两脚前滑半步；同时，两臂屈肘向前挑出，肘尖向前，高与肩平；两掌成爪收于面颊两侧，两虎口均对肩；目视前方。（图1–15）

3. 动作不停。两爪变拳，向前抡转挂击而出，高与额平，两拳轮相并，拳面向上；目视两拳。（图1–16）

图1–14

图1–15

图1–16

七 斩妖利剑

【练法分解】

1. 左脚向后撤退一大步，迅疾左转身，右脚内扣蹬劲，成左弓步；同时，左拳变掌，向左外上方画弧拦出，屈臂架掌于头额前上方，虎口向下，掌心向前，右拳变掌，随转身向左前方画弧削出，高与鼻平，掌心向上，掌尖向前；目视右掌。（图1–17）

2. 动作不停。身体继续左转，下盘成左插步；同时，两掌向左后下方画弧，左臂伸出，左掌高与胯平，掌尖向下，虎口向里，右掌摆至左腹侧，掌心对左掌虎口，掌尖向斜上方，上体及头部左扭；目视左掌。（图1–18）

图1–17

图1–18

黑虎偷心

八

【练法分解】

1. 上体右转，右脚略收，重心移于右腿，成左虚步；同时，两掌变爪，随转身交叉于胸前，继续向前上方画弧分开，肘部略屈，两爪高约与目平，相距约与肩宽，虎口相对，爪心向前；目视前方。（图1–19）

2. 左脚向前一步，右腿蹬伸，成左弓步；同时，两爪抖劲向前握拳击出，高与肩平，拳心相对，拳眼向上；目视两拳。（图1–20）

图1–19

图1–20

九 伏虎换筋

【练法分解】

1. 右脚垫步进身，仍成左弓步；同时，左拳变掌，向左前外上方画弧前架，高与额平，掌棱向前，掌心向前斜下方，右拳伸出，食指向前点插，高与胸平，虎口向上；目视右手食指。（图1–21）

2. 左弓步不变；右手内收，竖臂于左肩前上方，同时，左掌伸食指，其余四指屈于掌心，向前刺出，手心向下，高与胸平；目视左手食指。（图1–22）

3. 动作不停。右手食指向前下方刺出，高与腹平，虎口向上，左手内收，置于右上臂内侧，食指尖向上；目视右手食指。（图1–23）

图1–21

图1–22

图1–23

狮子滚球

【练法分解】

1. 右脚向前跨一步，随即左转身，右腿屈膝半蹲，左膝跪地，左小腿内侧贴地，成右跪步；同时，左手变爪，随转身向左下方画弧，至左大腿前外侧，虎口对大腿，爪心向后斜上方，右手收于左胸前，手心向左；目视左下方。（图1–24）

2. 左膝抬起，左脚掌踏实，脚尖向前，右膝跪地，成左跪步；同时，上体向左前压，左爪抡转向前撩出，高与肩平，爪心向上，右手成爪抡臂上架于头额右前方，爪棱向上；目视左爪。（图1–25）

3. 身体上起，右脚向前跨一步，左腿蹬伸，成右弓步；同时，两爪向胸前收拢，略呈抱球状，随上步进身向前推出，高与腹平，两爪心向前；目视前下方。（图1–26）

图1–24

图1–25

图1–26

十一

猛虎开口

【练法分解】

两脚前滑步进身，右弓步不变；两爪向前下一按，迅疾旋腕一周成立爪向前推出，虎口相对，高与胸平；目视两爪。（图1–27）

图1–27

十二

铁手插骨

【练法分解】

1. 左脚上于右脚内侧，右脚迅疾向右侧闪跨一步，重心移于右腿，左膝略屈伸腿，上体右倾成骑龙步；同时，左爪向左下方、向外反划，置于左大腿上方，爪心向左斜上方，右爪变掌上提，立掌于左肩前上方，掌尖向上，掌心向左；目视前方。（图1–28）

2. 左脚跟内旋，起身左转约180°，右脚迅疾随转身向左脚外侧画弧上步，两腿屈膝半蹲成高马步；同时，左爪成掌，与右掌一起收至胸前，至转身定位之后，直臂平肩向前插出，两虎口相对成并掌；目视两掌。（图1–29）

3. 动作不停。两掌抖劲成拳前击，两拳心相对，拳眼向上；目视两拳。（图1–30）

图1-28

图1-29

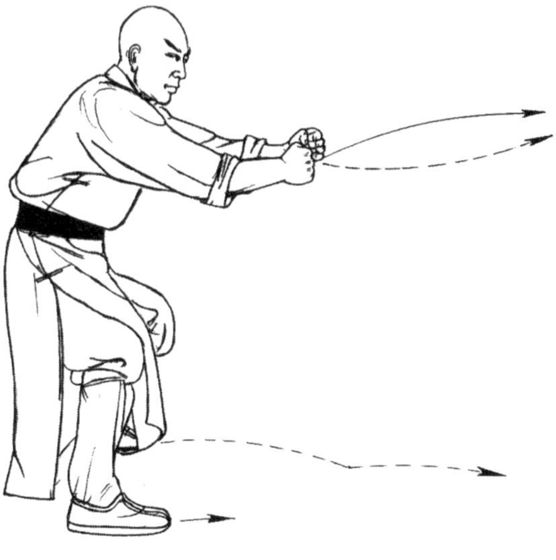

图1-30

十三

风雨齐出

【练法分解】

1. 右脚前移，左脚迅疾向前跨一步，右腿蹬伸，成左弓步；同时，两拳变掌，右上左下，两掌心相对，随进步向前插出，右掌高与胸平，左掌高与腹平；目视前方。（图1–31）

2. 两脚前滑，左弓步不变；同时，两掌抖劲成豹拳势向前击出，虎口均向上；目视前方。（图1–32）

图1–31

图1–32

十四

金鸡散翼

【练法分解】

右脚跟内收，两腿屈膝半蹲成马步；同时，上体右转，两拳内收交叉之际，迅疾变掌向左右伸臂插出，左高右低，掌心均向下；目视右侧。（图1–33）

图1-33

十五

摩拳擦掌

【练法分解】

1. 上体左转，右脚向前方进一大步，左腿蹬伸，成右弓步；同时，右掌变拳向前方冲出，高与肩平，拳眼向上，左臂屈肘，左掌上提，高与额平，掌尖向上，掌棱向前；目视右前方。（图1–34）

2. 动作不停。左掌向前下按，至右肘之际迅疾变拳向前下方冲出，高与胃脘平，拳面斜向下，右拳变掌内收，置于左肩前，掌尖向上；目视左下方。（图1–35）

图1–34

图1–35

十六 金鸡啄叶

【练法分解】

1. 上体左转，左脚向右脚后侧收步，右脚迅疾擦地画弧随转身扫出，脚尖内扣，蹬腿伸膝，重心移于左腿成左横裆步；同时，左拳变掌，随转身画弧收至右胸前，掌心向下，掌尖向右，右掌随转身抡转画弧，裹臂于右前方，肘、腕、指略屈（即三屈），力达前臂尺侧及掌棱，掌心对面，掌尖向上；目视右掌。（图1–36）

2. 动作不停。右掌尖画弧旋转，向前下插出，高与胸平，掌心向下，掌尖斜向前下方，左掌抡转，掌心向里，虎口向上；目视右掌。（图1–37）

3. 右脚尖外展，左脚尖内扣，重心移于右腿，左腿蹬伸，成右弓步；同时，左掌向前插出，虎口向上，右掌内收，护于左肘弯内侧，掌尖向上；目视左掌。（图1–38）

图1–36

图1–37

图1–38

十七

武松抱虎

【练法分解】

1. 右脚尖内扣，左脚向右脚外侧插步，迅疾左转身，右腿蹬伸，成左横裆步；同时，两掌随转身向左画弧拦出，高与额平，两肘略屈，两掌心相对，右前左后；目视右掌。（图1–39）

2. 动作不停。右脚前进一步，左转身，仍成左横裆步；同时，右臂屈肘向前横扫，略低于肩，右掌变拳置于胸前，左掌按于右拳背；目视右肘。（图1–40）

3. 上体继续向左转；右肘继续横扫至左前方，略低于肩，左掌仍按右拳背；同时，下盘变成左弓步；目视右肘。（图1–41）

图1–39

图1–40

图1–41

十八

黑虎偷心

【练法分解】

1. 两脚前滑半步，重心移于右腿，成左半马步；同时，左掌变拳向前反背击出，屈肘竖臂，高与额平，拳面向上，拳心向里，右拳收抱于腰间；目视左拳。（图1–42）

2. 重心再度右沉；左拳向左下方划落，斜伸于左胯外，右拳也下伸，两拳眼均向外；目视前方。（图1–43）

3. 动作不停。左脚前移半步，右腿蹬伸，成左弓步；同时，两拳冲出，至与胸平，两拳相并，拳眼向上；目视两拳。（图1–44）

图1–42

图1–43

图1–44

十九

空手飞石

【练法分解】

1. 身体右转，左脚跟外转，右脚跟内收，重心移于左腿，屈膝半蹲成右虚步；同时，左拳收于左肋前方，拳心向上，右拳随转身向前屈臂抬架，肘高与胸平，拳高与眉平，拳眼对面，前臂尺侧向前；目视前方。（图1–45）

2. 右脚向前一步，左腿蹬伸，成右弓步；同时，右拳向前反背挂出，高与额平，拳背向前，左拳移至右腹前，拳心向下；目视右拳。（图1–46）

3. 动作不停。上体略右转；左拳向前顶撞而出，高与额平，拳面向上，右拳收于左肩前，拳心向下；目视左拳。（图1–47）

图1–45

图1–46

图1–47

二十

童子冲锋

【练法分解】

1. 右脚跟外碾，左脚跟内扣，两腿半屈成高马步；同时，右拳向右前冲出，略高于肩，拳眼向上，左拳收护于右上臂内侧；目视右拳。（图1–48）

2. 右脚尖外展前移，腿稍屈，成右高跪步；同时，左拳向前冲出，高与胸平，右拳变掌收护于左肩前，掌尖向上；目视前方。（图1–49）

图1–48

图1–49

二十一

足踏金砖

【练法分解】

1. 左脚向前方进一步，重心落于右腿，成左虚步；同时，右掌变拳向前砸出，高与额平，肘部略屈，拳面向前斜上方，左拳变掌，左腕下沉，置于右腹前，掌尖向上；目视前下方。（图1–50）

2. 左脚前移，右腿蹬伸，成左弓步；同时，右拳勾腕下收于腹前，拳面向下，拳心向后，左掌变拳向前方冲出，高与肩平，拳眼向上，拳面略向前上方；目视左前方。（图1–51）

3. 动作不停。身体略左转，重心移于左腿之际，右腿提起向前踏地，脚尖内扣，力达脚掌外缘，两腿略屈成右半马步；同时，右拳向前屈肘上提，高与眉平，拳面斜向上，左拳屈臂置于左眼侧，拳面斜向上；目视右脚。（图1–52）

图1–50

图1–51

图1–52

二十二

青蛇出洞

【练法分解】

1. 右脚向外摆步，脚尖向前，左腿蹬伸，成右横裆步；同时，右拳变掌收于右肋前，掌心向上，左拳变掌向前插出，高与胸平；目视左掌。（图1–53）

2. 重心左移，右腿蹬伸，成左横裆步；同时，左掌收至左肋前，掌心向上，右掌向前插出，高与胸平；目视右掌。（图1–54）

图1–53

图1–54

白蛇炼丹

二十三

【练法分解】

1. 左脚向右脚前方进一步，重心移于右腿，左腿蹬伸成右横裆步；同时，上体略左转，左掌变剑指向左插出，高与胸平，手心向下，右掌变剑指，收护于左肩前；目视左剑指。（图1–55）

2. 左脚尖外展，右腿蹬伸成左弓步；同时，上体左转，右剑指向前上方点刺，高与额平，手心向下，左剑指收于右上臂内侧；目视右剑指。（图1–56）

图1–55

图1–56

二十四 青蛇盘身

【练法分解】

1. 右垫步进身，仍成左弓步；同时，上体右转，右手剑指向右后划，右臂伸直，高与腰平，虎口向上；左剑指向前插出，高与胸平，手心向下；目视左剑指。（图1–57）

2. 左脚尖外展，右脚向前跨一步，左转身，两腿屈膝半蹲，成右半马步；同时，右剑指向右插出，高与肩平，手心向下，左剑指向左后划，高与肩平，手心向下；目视右剑指。（图1–58）

图1–57

图1–58

二十五 青蛇炼丹

【练法分解】

1. 左转体，左脚向左后方弧形退步，两腿屈膝半蹲，成马步；同时，两手随转体向面前画弧，两腕交叉，高与鼻平，右外左内，指尖向上，右手心向左，左手心向右；目视两手。（图1–59）

2. 左脚向正前方进一步，屈膝成左半马步；同时，上体右转，右剑指向右画弧斜伸，高与肩平，虎口向下，左剑指向左下插出，高与腹平，手心向下；目视左剑指。（图1-60）

3. 右腿蹬伸，上体左转，成左弓步；同时，左剑指内收，继向前点插，高与肩平，手心向下，右剑指向下、向前上方画弧，屈肘竖臂于左肘弯内侧，指尖向上，手心向前，高与额平；目视左剑指。（图1-61）

图1-59

图1-60

图1-61

二十六 白蛇出洞

【练法分解】

1. 左脚向后撤一大步，屈膝半蹲，右脚跟抬起，成右虚步；同时，右剑指变掌，向右前下方画弧格挡，高与右膝平，掌棱向前，掌尖向下，左剑指变掌内收于右肩前，掌尖向上；目视右下方。（图1–62）

2. 左脚向前跨一步，右腿蹬伸，成左弓步；同时，左掌向前穿出，高与肩平，右掌抡转前按，掌心向下，掌棱向前，高与小腹平；目视左掌。（图1–63）

图1–62

图1–63

3. 两脚向前滑步，左弓步不变；同时，左掌内旋，转腕前推，掌棱向前，掌尖向上；右掌坐腕于左前臂下方，虎口向上；目视左掌。（图1–64）

图1-64

二十七

白蛇盘身

【练法分解】

1. 左脚尖内扣，随即右转体，右脚向后撤一步，两膝屈蹲，成左虚步；同时，臀部后坐，两掌屈肘收于两肋前，掌心向上，掌尖向前，两肘夹肋；目视前方。（图1-65）

2. 左脚向前滑步，右腿蹬伸，成左弓步；同时，两掌向前插出，高与肩平，两掌心相对成并掌势，虎口向上；目视两掌。（图1-66）

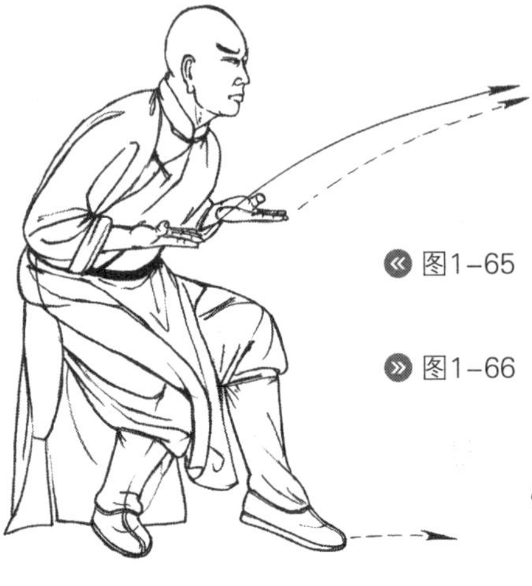

图1-65

图1-66

二十八

鹤翼护灯

【练法分解】

1. 右脚向前跨一步，左腿蹬伸，成右弓步；同时，两掌外翻，掌棱相并，向前穿出，高与眼平，掌心向上；目视两掌。（图1-67）

2. 左脚向左前方上步，两腿屈膝半蹲成马步；同时，两掌内旋，掌尖相对，掌棱向前切出，高与肩平；目视两掌。（图1-68）

图1-67

图1-68

二十九

仙鹤挺翼

【练法分解】

1. 左脚内收向前上步，右转身，两腿直立成开裆步，身体微左转；同时，左掌尖内转，以掌棱为力点向前下推出，高与胯平，掌尖向下，掌心向外，右掌收护于左肩前，掌心向里，掌尖向前斜上方；目视左下方。（图1-69）

2. 左脚向前移步，右腿蹬伸，成左弓步；同时，右掌向前穿出，高与肩平，掌心向上，左掌置于右前臂下方；目视右掌。（图1-70）

图1–69

图1–70

三十

兜肚击拳

【练法分解】

1. 右脚向前方上一大步，左腿蹬伸，成右弓步；同时，右掌内转画弧变拳向前冲出，高与胸平，拳眼向上，左掌收于右上臂内侧，掌尖向上；目视右拳。（图1–71）

2. 右脚前移，仍成右弓步；同时，上体前倾，右拳抖劲向前冲击，高与腹平，拳眼向上，左掌稍提，仍护于右上臂内侧；目视右拳。（图1–72）

图1–71

图1–72

三十一

挑肚击拳

【练法分解】

1. 右脚跟外旋，上体右转，左脚擦地向前画弧约180°，前脚掌着地，脚跟离地，随即重心右移，两腿屈膝半蹲，成右跪步；同时，左掌变拳，随转体向前横勾至正前方，高与胸平，拳眼向上，右拳变掌护于左上臂内侧上方；目视右拳。（图1-73）

2. 左脚前移，全脚掌着地，右脚向前上步，重心落于左腿，成右虚步；同时，左拳变掌收于左腰间，右掌向前推出，高与额平，掌棱向前，掌尖向上；目视右掌。（图1-74）

图1-73

图1-74

3. 左脚向左前方上一步，重心左移，右腿蹬伸，成左横裆步；同时，右掌内按，以掌棱为力点向前切出，高与腹平，左掌上收护于左肩前，掌心向里；目视右掌。（图1–75）

4. 动作不停。左横裆步不变，右掌外旋，向前下方插出，虎口向上，高与肋平，左掌变拳收抱于腰间；目视右掌。（图1–76）

图1–75

图1–76

三十二

悬崖勒马

【练法分解】

1. 左脚向正前方上一步，右腿蹬伸，成左弓步；同时，左拳变掌，向前上方画弧挑起，高与头平，掌尖向上，虎口向后，掌棱向前，右掌内收护于左上臂内侧；目视左掌。（图1–77）

2. 左脚前移，内扣脚尖，重心移于右腿，上体右转，成右横裆步；同时，左臂屈肘向前横击，高与肩平，左拳置于左肩前，拳心向下，右掌变拳护于胸前；目视左肘。（图1–78）

图1–77

图1–78

三十三

裙里踢腿

【练法分解】

1. 上体右转，左脚向右前方跨进一大步，屈膝，右腿蹬伸，成左弓步；同时，两拳变爪，随转身向前弧形抓出，高与肩平，两肘略屈，两虎口相对，爪心向下；目视前方。（图1–79）

2. 重心移于左腿，随即右腿屈膝向前上方顶出，高与腹平，脚背绷平，脚尖向下；同时，两爪下收于腹前，爪心向下；目视前下方。（图1–80）

3. 动作不停。右腿前弹，脚背绷平，力达脚尖，高与膝平；同时，两爪变掌，旋转置于两腰际，掌心向上；目视前下方。（图1–81）

图1–79

图1–80

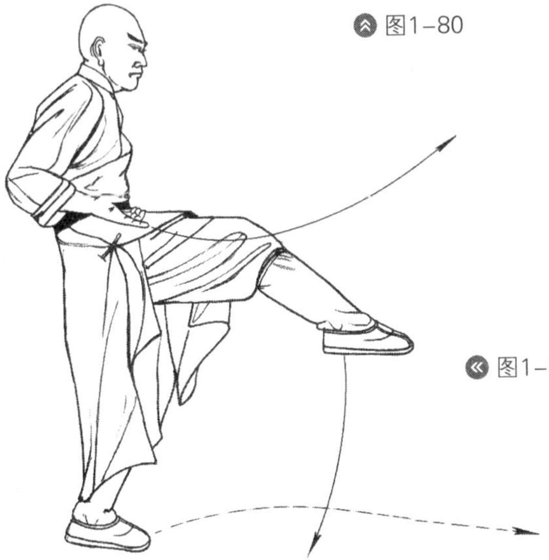

图1–81

三十四 华佗接骨

【练法分解】

1. 右脚向前落步，左脚迅疾向前方进一步，重心移于右腿，成左虚步；同时，右掌变拳向前上勾撞，高与额平，拳面向上，左掌下按置于左腹前，掌心向下；目视右拳。（图1–82）

2. 左脚前移，成左半马步；同时，右拳变掌，下按于左肋前，掌尖向前，左掌向前上方挑起，高与额平，掌尖向上，掌心对面；目视左掌。（图1–83）

图1–82

图1–83

3. 右脚向前跨一步，左转身，两腿屈膝半蹲，成右半马步；同时，右拳向右上方弧形撞出，高与额平，拳面向上，拳眼对额，左掌下收，护于右上臂内侧；目视右拳。（图1–84）

图1-84

八字拳法

【练法分解】

1. 右脚向前移步，重心移于右腿，上体右前倾；同时，右拳向右下冲出，高与腹平，拳眼向上，左掌变拳，向左后方伸出，高与肩平，拳眼向上；目视右拳。（图1-85）

2. 左脚向前方跨进一大步，右腿蹬伸，成左弓步；同时，左拳随上步向前上方撞出，高与额平，拳眼向左外斜上方，右拳斜拖于右胯后侧，拳眼斜向上；目视左拳。（图1-86）

图1-85

图1-86

三十六

华佗诊脉

【练法分解】

1. 右脚向前方画弧进步，上体随即左转，重心移于右腿，左腿稍屈，成左半马步；同时，右拳变掌，随上步向前上方画弧抡架于头右侧，掌尖向左，虎口向里，左拳变掌，向内画弧，按掌至裆前方，虎口向上，掌心向右；目视左前方。（图1–87）

2. 左脚后退一小步，左转身，右脚向左前方弧形上步，脚尖略内扣，重心落于左腿，成右虚步；同时，左掌向前上方画弧拦格而出，左臂略呈半弧状，掌棱向上，虎口向下，高与鼻平，右掌向下画弧收至右腹前，掌心向上；目视左掌。（图1–88）

3. 右脚前移半步，上体左转，重心移于左腿，成左弓步；同时，左掌画弧至左肋前成拳，拳面向下，右掌随转身画弧至右大腿前，掌心向前，掌尖向下；目视裆前下方。（图1–89）

4. 动作不停。右掌继续左划，直至左肋侧变拳，右肘尖下压，左拳变掌按于右拳背上，上体左转；目视右肘前下方。（图1–90）

图1–87

图1–88

图1-89

图1-90

李广拉弓

【练法分解】

1. 左横裆步不变；右拳变剑指向下，经腹前向右上方画弧上刺，高与鼻平，手心向右，左掌变拳护于左胸前，拳心向里，两手有相互争力之势；目视右指尖。（图1-91）

2. 动作不停。右肘尖向右翻压，右掌背抵于右胸前，掌尖向下，左拳不变，头略左倾；目斜视右侧。（图1-92）

图1-91

图1-92

三十八

仙鹤张口

【练法分解】

1. 左脚尖内扣，上体右转，右脚内收半步，脚尖点地，成右丁步；同时，右掌下穿，吊臂于右膝内侧，掌尖向下，虎口向前，左拳变掌护于右肩前，掌心向右，掌尖向上；目视右前方。（图1–93）

2. 右脚向前方进步，左腿蹬伸，成右弓步；同时，两掌向前穿插而出，右掌约与裆平，左掌约与鼻平，两掌心遥遥相对；目视左掌。（图1–94）

图1–93

图1–94

三十九

袖箭射燕

【练法分解】

1. 右脚尖内扣，上体左转，左脚内收半步，脚尖点地，重心移于右腿，成左丁步；同时，左掌随转身向左下方画弧，上挑立掌，高与眼平，掌尖向上，掌棱向前，肘臂略屈，右掌变拳收抱于右腰间；目视左掌。（图1–95）

2. 左脚向前一步，右腿蹬伸，成左弓步；同时，右拳向前冲出，高与腹平，拳眼向上，左掌屈肘上提，高与头平，掌尖向上，掌棱向前；目视右拳。（图1–96）

图1–95

图1–96

扁担拳法

四十

【练法分解】

1. 右脚收于左脚内侧，脚尖点地，上体右转，两腿屈膝下蹲成右丁步；同时，左掌变拳收于左肋侧，拳心向上，右拳斜伸于左膝侧，拳眼向左斜上方；目视右前下方。（图1–97）

图1–97

2. 右脚向前一步，左腿蹬伸，成右弓步；同时，右拳向前上方抛出，高与额平，拳眼斜向上，左拳斜拖于左后方，拳心向上；目视右拳。（图1–98）

3. 两脚向前滑步，仍成右弓步；同时，右拳向下、向后上方画弧斜伸，略低于肩，拳眼向上，左拳向前上方抛起，至与肩平时向前上方冲击，高与额平，拳眼向上；目视左拳。（图1–99）

图1–98

图1–99

四十一

鹤嘴啄心

【练法分解】

1. 左转体，重心移于右腿，屈膝半蹲，左脚内收，脚尖点地，成左丁步；同时，左拳变掌，随转身屈臂翘掌于左膝前上方，五指张开，掌尖向上，掌棱向前，右拳变掌收于小腹前，掌尖向前；目视左前方。（图1–100）

2. 左脚向前一步，右腿蹬伸，成左弓步；同时，左掌向前插出，高与肋平，虎口向上，右掌上移于左胸前，虎口向上，掌尖向左；目视左掌。（图1–101）

3. 动作不停。左脚略前滑步；右掌变拳向前冲出，高与肩平，拳眼向上，左掌内划，置于右肘下方，掌心向下，掌棱向前；目视右拳。（图1–102）

图1–100

图1–101

图1–102

四十二

分崩顶肘

【练法分解】

1. 左脚尖略内扣，上体右转，随之右脚内收半步，重心移于左腿，成右高虚步；同时，右拳变掌，随转身向右前方画弧拦出，高与肩平，虎口张开成八字掌，掌尖向上，掌心向前，左掌变拳收抱于腰间；目视右掌。（图1–103）

2. 左脚向前跨一步，身体右转，屈膝半蹲成马步；两臂屈肘，随转身下蹲成马步，向左右分崩顶击；目视左肘。（图1–104）

图1–103

图1–104

四十三

里应腿法

【练法分解】

1. 右脚尖外展，右转身，左脚向前方上一大步，右腿稍跪，成左高跪步；同时，右拳变掌，随转体向前反拦而出，高与眉平，掌棱向上，掌心向右，左拳变爪，置于左腹前，爪心向上，五指略屈；目视右掌。（图1–105）

2. 右脚向右外侧上进一步，重心左移，右腿蹬伸，成左横裆步；同时，上体右转，右掌旋腕扣指成拳于腹前，拳心向下，左爪变拳向前撞出，高与眉平，拳心向里，左臂略屈；目视左拳。（图1–106）

3. 动作不停。左腿迅疾向前弹出，脚背绷紧，高与裆平，力达脚尖；同时，右拳变爪，抬臂于右颔前方，爪心向下，肘尖向后，左拳内收下压于腹前，手腕勾起，拳面斜向下；目视前下方。（图1–107）

图1–105

图1–106

图1–107

四十四 鹤爪摘索

【练法分解】

1. 左脚向前落步，右腿蹬伸，成左弓步；同时，上体左转，右爪变掌向前扑按，高与眼平，掌心向前斜下方，左拳变掌置于腹前，掌尖向右斜上方；目视前方。（图1-108）

2. 左脚跟外碾，两腿略屈膝成开裆步；同时，上体右转，右掌屈指成爪收于胸前，爪心向下，虎口向左，左掌向前上方切出，至与肩平时，猛然屈指成爪向后下方抖劲，爪心向下，两爪虎口相对；目视左侧。（图1-109）

3. 身体右转，重心移于右腿成右横裆步；同时，两爪随右转体向右画弧，右肘向右后上方拉，右爪置于右肩前，爪心向后，虎口向下，左爪划至右肋前时随左前臂向右下方发力，高于右肋，爪心向右后方；目视左下方。（图1-110）

图1-108

图1-109

图1-110

猛兽磨牙

四十五

【练法分解】

1. 右腿向右后方摆胯退步，两膝屈蹲成马步；同时，左爪收于左肋前，爪心向上，右爪变掌下按于小腹前时，迅疾向前上提，屈肘竖臂于面前下方，肘尖下垂，掌尖向上，高与鼻平，虎口向里；目视右前方。（图1–111）

2. 左脚向前跨一步，右腿蹬伸，成左弓步；同时，左爪握拳，与右掌一起向前击出，两腕与肩平，左拳眼向上，右掌棱向前，右掌心贴紧左拳心；目视两手。（图1–112）

3. 重心移于右腿，左脚擦地向外画弧后收，两腿屈膝半蹲成马步；同时，左拳、右掌发劲前抖一次。（图1–113）

图1–111

图1–112

图1–113

四十六

打花撩阴

【练法分解】

1. 左脚尖内扣，身体右转之际，右脚向右后画弧收于左脚后方，屈膝半蹲，左脚前掌点地成左丁步；同时，右掌随转体向右画弧，直臂伸于体前，高与鼻平，屈指成爪，爪心向右斜下方，虎口向前斜下方，左拳变掌，随转体格拦于右腕下方，掌尖向上，虎口对胸；目视右爪。（图1–114）

2. 左脚向前一步，上体右转，右脚紧跟落于左脚内侧，屈膝半蹲，左脚尖点地，成左丁步；同时，左掌成爪，向左下方反撩，高与臀平，爪心向左后斜上方，右爪变掌，架于额前，掌棱向上，掌尖向左；目视左侧。（图1–115）

3. 左脚向前一步，身体左转，两膝半屈，成左半马步；同时，右掌向右、向下画弧，至胸前时变拳向左前上方撞出，高与额平，拳眼向上，左爪变掌置于左前下方，约与裆平，掌心向下，虎口向里；目视右拳。（图1–116）

图1–114

图1–115

图1–116

金鸡散翼

四十七

【练法分解】

1. 右脚跟外碾，左脚向左后方收步，上体左转，重心移于左腿，成左横裆步；同时，右拳变掌，下划反拦于右大腿外侧，掌棱向前斜上方，掌尖向下；左掌护于右肩前；目视右前下方。（图1–117）

2. 右脚向前一小步，两腿屈膝半蹲成马步；同时，右掌旋腕向右前上方穿出，高与眼平，肘部屈垂，掌心向上，掌尖向前斜上方，左掌向左穿出，屈臂垂肘，高与眼平；目视右掌尖。（图1–118）

3. 马步不变，上体右转；右肘后拉至右腰后，前臂夹紧肋部，掌心向上，掌尖向前，同时，左掌向右前方插出，高与鼻平；目视左掌尖。（图1–119）

图1–117

图1–118

图1–119

四十八 猴子出洞

【练法分解】

1. 右脚内收半步，屈膝半蹲，左膝沉跪，成右跪步；同时，右掌下伸于右脚侧地面，猛屈指一捞成半爪半掌状，左掌收于胸前，上体前屈；目视地面。（图1–120）

2. 收两膝，缩颈藏颔，左转体，前滚翻。（图1–121）

图1–120

图1–121

3. 肩背贴地前滚，至臀部着地之际，两脚迅疾着地蹲起身；两掌屈臂垂肘护于面部。（图1–122）

4. 动作不停。左脚向前跨出一步，右膝略沉跪，成左高跪步；同时，右掌向前上推，架于额前方，掌棱向上，掌心向右前方；左掌向前撩出，掌指略屈，掌心向上，高与腹平，上体前探；目视左掌。（图1–123）

图1-122

图1-123

鹰爪捉灯

四十九

【练法分解】

1. 两脚蹬地向前跳起，左脚先落地，右脚随之向前落地，重心落于左腿，右脚尖点地成右丁步；同时，两掌随跳步下落于两大腿外侧成猿猴手，昂首用嘴向前上方吹出一口气。（图1-124）

2. 右脚跟落地，左脚迅疾向前跨出，脚尖点地，成左丁步；同时，左手向前上方抓出，高与额平，肘、腕、指三屈成猿猴手，右手稍提，置于左肋前；目视左手。（图1-125）

图1-124

图1-125

五十

鹰爪捉食

【练法分解】

1. 两脚蹬地起跳后退，右脚先落地，左脚随即向后落步，屈膝坐身，右脚尖点地，成右丁步；同时，右手成掌向前上提，屈肘竖臂，高与额平，掌棱向前，掌尖向上，左手变掌护于右肘弯内侧；目视右掌。（图1–126）

2. 右脚向前一步，左腿蹬伸，成右弓步；同时，两掌上提变猿猴手向前抓出，高与肩平；目视两手。（图1–127）

图1–126

图1–127

五十一

游园摘桃

【练法分解】

1. 上体左转，重心移于右腿，左脚迅疾内收一步，脚尖点地，成左丁步；同时，左手随转身向左前方抓，高与鼻平，肘、腕、指保持三屈状，右掌抓至左肩前；目视左上方。（图1–128）

2. 左脚前移，前脚掌点地，仍成左丁步；同时，上体前探，左手向前上提，高过头顶，右手转腕向前下撩抓，高与胸平，两手心遥遥相对如抱球状；目视前方。（图1–129）

3. 左脚前移，右膝跪地，成左跪步；同时，左手下收至右腕内侧之际，变掌向前插出，高与颌平，虎口向上，右手变掌护于左肩前上方，掌尖向前斜上方；目视左掌。（图1–130）

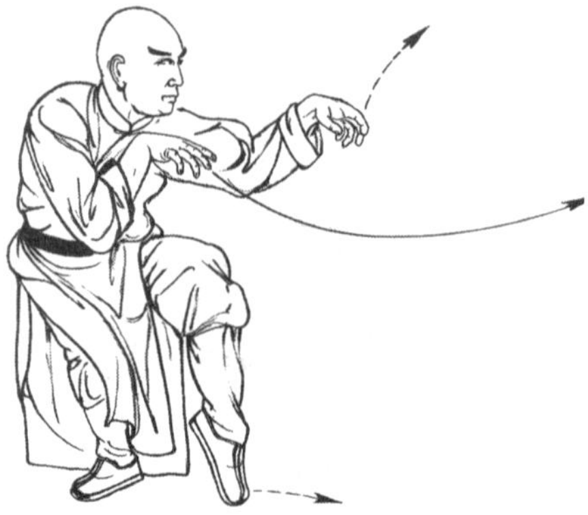

图1–128

图1–129

图1–130

五十二

海底捞月

【练法分解】

1. 下盘动作不变。上体右转；左掌架于左额前方，虎口向下，掌尖向右；同时，右掌变猿猴手，随转体向下、向右后方反撩，高与臀平，手心向上；目视右后方。（图1–131）

2. 右脚尖外展，脚跟落地，左膝随之跪地，成右跪步；同时，上体右转，右手变掌，屈臂上提，高与头平，掌棱向前，掌尖向上，左掌成猿猴手向前撩抓，高与腹平，手心向上；目视左手。（图1–132）

图1–131

图1–132

五十三

顽猴夺食

【练法分解】

1. 左脚跟向里落地，右脚跟外碾，身体左转，立身而起，伸膝成高桩；同时，右掌随转身向左前拦格，高与额平，掌尖向上，虎口对面，左手变掌置于右上臂内侧下方；目视右掌。（图1–133）

2. 左脚前移半步，屈膝成左高弓步；同时，左掌上提前推，掌棱向前，高与头平，右掌内划于左肘弯内侧成勾手，勾尖向下，上体前探；目视左掌。（图1–134）

3. 重心移于左腿，右腿屈膝向前上顶出，高与腹平，脚掌内收于左膝前；同时，左掌屈腕前压，掌心向下，掌尖向前，高与眉平，右勾手伸指变掌护于左肘内侧，掌心向下，掌尖向前；目视前方。（图1–135）

图1–133

图1–134

图1–135

五十四

猴子夺山

【练法分解】

1. 右腿伸膝，脚背绷紧，向前弹出，高与裆平，力达脚尖；同时，两肘下收腹前，肘、腕、指三屈成勾手，勾尖向下；目视右脚尖。（图1–136）

2. 右脚向前落地，重心前移，左腿提膝向前弹出，高与右膝平，力达脚尖；同时，左勾手向前上提顶，高与眼平，右勾手置于左上臂内侧；目视前下方。（图1–137）

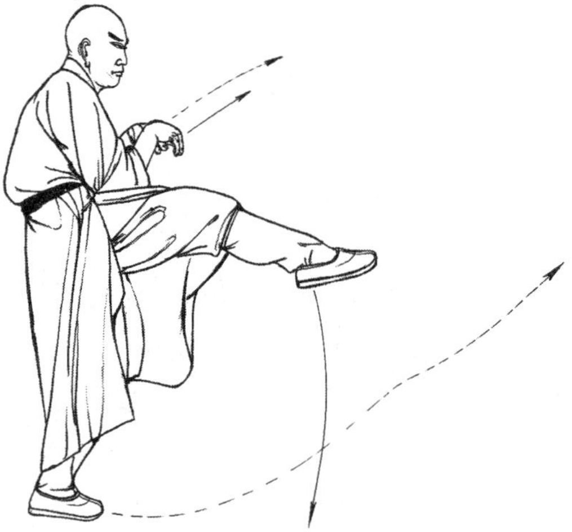

图1–136

图1–137

五十五

地盘跌步

【练法分解】

1. 左脚向前落步，右脚略跟，成左弓步；同时，两勾手变掌向前劈出，高与眼平，两掌心相对，两掌棱向前；目视两掌。（图1–138）

2. 右脚向前方跨进一大步，迅疾将脚跟向后画弧，屈膝跪地，左膝随之跪地，左小腿内侧下落贴地；同时，上体前探，右掌下落至与腹平时向前穿出，高与喉平，掌尖向前，掌心向上，左掌抡转，架臂于头前上方，虎口向下，掌尖向前；目视右前方。（图1–139）

3. 动作不停。右掌迅疾扣抓成爪，爪心向上，左掌下拍右前臂；目视右前方。（图1–140）

图1–138

图1–139

图1–140

五十六

飞脚旋风

【练法分解】

1. 左脚掌外旋着地，立身左转，左腿伸膝立起，右脚向前弹踢而出，高与腹平，力达脚尖；同时，两手变拳收抱腰间；目视前方。（图1–141）

2. 右脚下踏落步，重心前移，左脚向前上方弹踢而出，高与腹平，力达脚尖；同时，右拳变掌向前推出，高与眉平，掌尖向上，掌心向前；目视前方。（图1–142）

图1–141

图1–142

五十七

手拔仙草

【练法分解】

1. 左脚向前落步，右脚随即向前方跨进一大步，屈膝半蹲，左膝屈跪，成右跪步；同时，右掌向前下方插，至右膝下侧时，迅疾半握拳向外拦格，拳面向下，拳心向外，左拳变勾手护于右肩前，勾尖向下，虎口向里；目视右下方。（图1–143）

2. 动作不停。左勾手变掌，沿右臂内侧从前臂上方向前穿出，高与肩平，掌心向上，掌尖向前，右手不变；目视前方。（图1-144）

图1-143

图1-144

五十八 猴子接桃

【练法分解】

1. 上体左转，左脚收于右脚内侧，脚尖点地，成左丁步；同时，左掌随转身向左下方划于左膝外侧，掌尖向下，掌棱向左，右手变掌置于左肩前，掌心向下；目视左下方。（图1-145）

2. 左脚向前上步，屈膝半蹲，右膝屈跪成左跪步；同时，左掌向左前上方划出，高与头平，掌尖向前，掌心向下，右掌向左前方穿出，高与胸平，掌心向上；目视右前方。（图1-146）

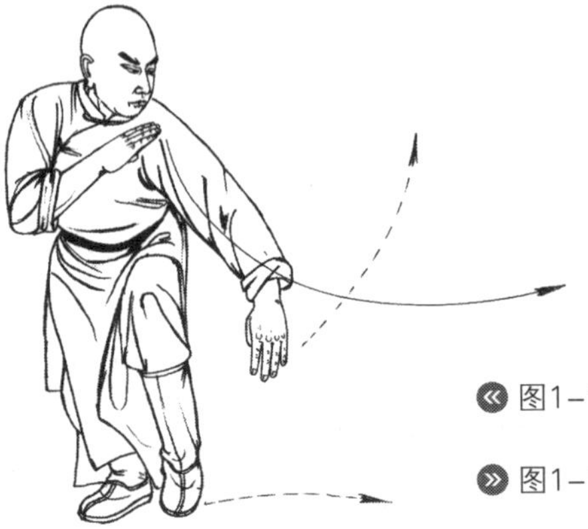

图1-145

图1-146

五十九

金钩钓蛙

【练法分解】

1. 左脚前移半步，右腿稍跟，伸膝立起成高桩；同时，两掌抡转，掌棱向前推出，腕与胸平，掌尖向上，左前右后；目视左前方。（图1–147）

2. 左脚前移，右腿蹬伸成左弓步；同时，两掌相并前插，约与眼平，掌尖向斜上方；目视两掌尖。（图1–148）

图1–147

图1–148

六十

白猿翻身

【练法分解】

1. 左脚向左后侧收步，重心左移，右膝跪地，上体向左前俯；两掌下落按地于两膝前方；目视前下方。（图1–149）

2. 身体上起之际，左脚向前方上进一步，屈膝半蹲，右膝略前跪，上体前探；同时，两手向前画弧合抱于左前方，两手屈指，手心相对，高与左小腿平；目视两手。（图1-150）

3. 左脚向前移步，右膝跪地，上体前探；同时，两手成掌向前推出，左前右后，掌棱向斜下方，掌尖向斜上方，高与左膝平；目视左掌。（图1-151）

图1-149

图1-150

图1-151

六十一

磨盘腿法

【练法分解】

1. 右脚伸腿向前画弧扫出，脚尖内扣，左腿全蹲成右仆步；同时，两掌左右分开，左掌架于左面颊前外侧，虎口向下，掌尖向右，右掌划至右腿外上方，变勾手，指尖向右外斜上方；目视右前下方。（图1–152）

2. 动作不停。右脚继续擦地向左画弧扫踢约180°之际，伸腿立膝而起，上体左转，成开裆步直立；同时，两掌（右勾手变掌）收于腹前交叉，左上右下，掌根相贴，下颌内含；目视前下方。（图1–153）

图1–152

图1–153

收势歇手

六十二

【练法分解】

1. 两掌向左右展臂分开，至与肩平时，虎口向上，掌尖向外；目视前方。（图1–154）

2. 动作不停。两掌继续上举，至头顶正上方两掌心相贴，掌尖向上，随即沿面前下落于胸前，两肘左右平抬；目视前方。（图1–155）

3. 左脚收向右脚，两脚并步，正身直立；同时，两掌垂落体侧。放松身体，调整呼吸，本拳收势。（图1–156）

图1–154

图1–155

图1–156

第二章
秘传嫡派罗汉拳

罗汉拳，出自少林罗汉门，“仿罗汉之形，融罗汉之意”，练法独特，打法多样，技击性强。

罗汉门，高手辈出，如近代少林寺“金罗汉”妙兴、安徽武术家“江南第一脚”刘百川等。刘百川曾以“罗汉子母鸳鸯连环腿”击败过外国大力士，勇冠武林。

罗汉拳古诀曰：“头如波浪，手似流星。身如杨柳，脚似醉汉。出于心灵，发于性能。似刚非刚，似实而虚。久练自化，熟极自神。”

开拳起势

【练法分解】

1. 两脚并步，正身直立；两手垂于体侧，心平气静；目视前方。（图2–1）

2. 接着，两掌自体侧向左右分开上举，至头顶正上方时两掌心相合，沿面前下落于胸前。（图2–2）

图2–1

图2–2

二

窝心勾捶

【练法分解】

1. 左脚向左侧横跨一步，上体左转，成左弓步；同时，右掌变拳下收于右腰间，左掌变拳向左前翻劈而出，高与额平，拳面向上，拳心对面；目视左拳。（图2-3）

2. 接着，左脚前移，右脚紧随上步于左脚内侧，两脚并步，屈膝半蹲；同时，左拳下收，右拳自腰间向前上方勾出，约与鼻平，拳心对面，拳面向上；目视右拳。（图2-4）

图2-3

图2-4

三

罗汉捺虎

【练法分解】

1. 重心移于左腿，右脚向前弹踢，脚背绷平，力达脚尖，高与腹平；同时，右拳收回抱于腰间，左拳变掌向前推出，掌尖向上，高与眼平；目视左掌。（图2-5）

2. 右脚向前落步，随之左转身，上体下俯，两掌按地；同时，左腿伸膝擦地后扫180°，成左仆步，右腿屈膝半蹲，重心偏于右腿；目视左脚。（图2-6）

图2-5

图2-6

罗汉抱印

【练法分解】

1. 左脚内收半步，起身，两腿半蹲，成左半马步；同时，两掌变拳，随起身上提于胸前，竖臂垂肘，拳面向上；目视左前方。（图2-7）

2. 接着，重心左移，右脚收步于左脚内侧，并步正身直立；同时，两拳变掌成抱球状于胸腹前，右掌在上，虎口对胸，左掌在下，掌棱对腹，两掌心相对；目视左侧。（图2-8）

图2-7

图2-8

五 搂手冲捶

【练法分解】

1. 右脚向右侧摆跨一步，上体右转，成右弓步；同时，右掌随转身向右搂手画弧，收于右腰间抱拳，左掌成拳向前冲出，拳眼向上，高与肩平；目视左拳。（图2–9）

2. 接着，重心右移，左脚向前弹踢，高与腹平，脚背绷平，力达脚尖；同时，左拳收抱于腰间，右拳向前冲出，高与眼平；目视右拳。（图2–10）

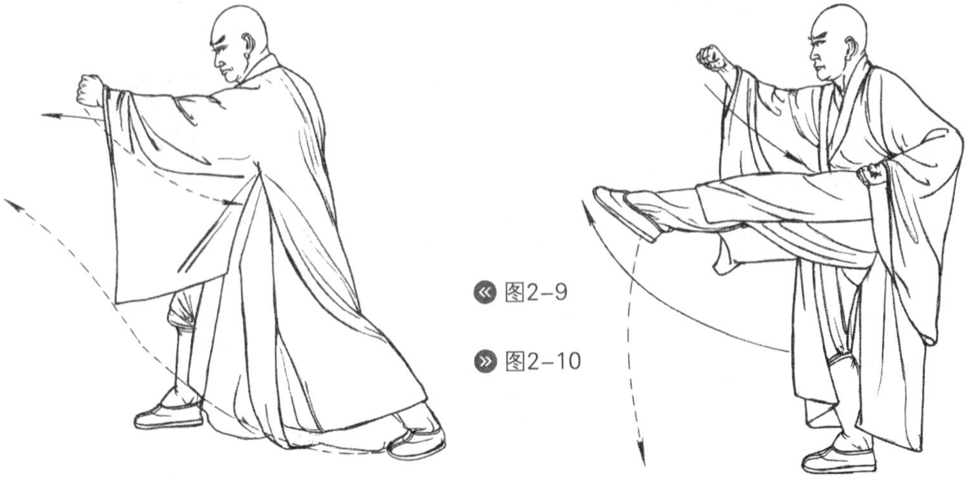

图2–9

图2–10

六 罗汉通臂

【练法分解】

1. 左脚向前落地，重心前移，伸腿而立，右腿屈膝向前提顶，高与腹平，脚尖收于左膝内侧；同时，右拳收回腰间，与左拳一起变掌，虎口向外，掌尖向前斜下方；目视前下方。（图2–11）

2. 接着，右脚向前踏落一步，上体略左转，两腿屈膝半蹲成马步；同时，左掌向右画弧，架于头前上方，掌尖向右，右掌变拳向右冲出，高与肩平，拳眼向上；目视右前方。（图2–12）

图2-11

图2-12

刀劈华山

七

【练法分解】

1. 右脚前移，左脚紧随跟步，左腿挺膝蹬直，成右弓步；同时，上体右转，右拳变掌内按，左掌抡转向前画弧斜劈，高与额平，掌尖向右斜上方；目视左掌。（图2-13）

2. 身体略右转，重心右移，同时，左脚蹬地而起，向前上方踹出，高与胸平，力达脚掌；两掌左右分展，右高左低，保持身体平衡；目视左脚。（图2-14）

图2-13

图2-14

八

退步化影

【练法分解】

1. 身体右转，左脚向右画弧落地，成左高弓步；同时，右掌随转身向前劈落，腕高与肩平，掌尖向上，掌棱向前；左掌护于右胸前，虎口向里；目视右掌。（图2–15）

2. 左脚向后撤一步，仍保持高桩；同时，右掌收于右肋侧，掌心向上，左掌向前推出，腕高与肩平，掌尖向上，掌心向前；目视左掌。（图2–16）

图2–15

图2–16

3. 动作不停。右脚沿地面顺时针画弧，随即左转身，成左弓步；同时，右掌画弧至左掌内侧，左掌抡转，随转体向左画弧，臂呈半弧状，掌棱向前，虎口向下，高与肩平，右掌终移至左胸前，虎口向里，掌心向左；目视左掌。（图2–17）

图2-17

九

栽捶击裆

【练法分解】

1. 右脚向前跨一步，左转身，成右高虚步；同时，左掌画弧收于左腰间成拳，右掌向前穿托，高与鼻平，掌心向上，掌尖向前，右肘屈垂；目视右掌。（图2-18）

2. 左脚上于右脚内侧并步，屈膝半蹲，同时，身体略右转；右掌变拳收于右肩前，拳心向下，肘尖后引，高稍过肩，左拳向前下方栽击，高与裆平，拳眼向上；目视左拳。（图2-19）

图2-18

图2-19

十 虎尾铁脚

【练法分解】

1. 左脚向前上一步，随即右转体约360° 成右插步，同时，上体下俯向右后方转；右拳变掌向右后方反撩，高与臀平，掌尖向后斜下方，掌心向后上方，左掌收至右肩前，掌棱贴肩；目视右掌。（图2–20）

2. 重心移于左腿，同时，右脚蹬地向后上方蹬出，力达脚跟，约与肩平；两掌变拳收抱于肋侧；目视右脚。（图2–21）

图2–20

图2–21

十一 劈挂神腿

【练法分解】

右脚向右后方画弧落步，上体右转约180° 之际，右脚旋即向右外摆踢起，稍高过顶，脚尖勾紧；两臂左右分展，左高右低，保持平衡；目视右脚。（图2–22）

图2-22

十二

霸王开弓

【练法分解】

1. 接上一动作。右脚随即向前劈落之际，略内收，脚跟着地，脚尖上勾；同时，左掌后划，伸臂成勾手，约与肋平，勾尖向下，右拳变掌前劈，高与眉平，掌尖向前斜上方，力达掌棱；目视右掌。（图2-23）

2. 右脚前脚掌落地，左脚向前上一大步，右转身，屈膝半蹲成左半马步；同时，右掌外划握拳，收拉于右肩前，肘尖后引；左勾手变拳向左冲出，直臂平肩，拳心向下；目视左拳。（图2-24）

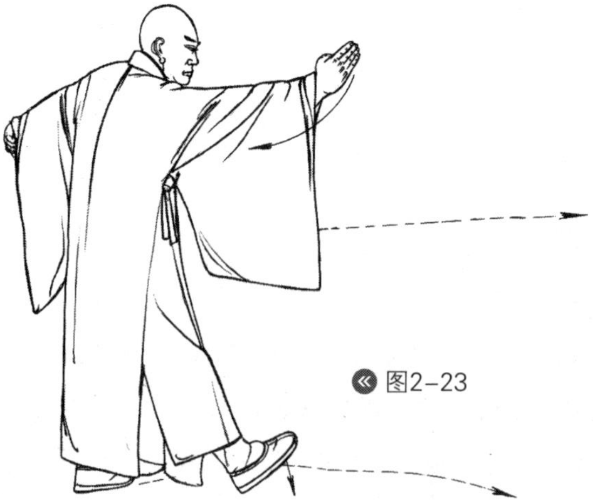

图2-23

图2-24

十三

金刚捣臼

【练法分解】

1. 右膝跪地，重心前移成扭步，同时，上体左转前倾；左拳向左伸臂后划，成勾手，勾尖向下，略高于肩，右拳变勾手，用勾顶向前下方击出，高与膝平；目视右勾手。（图2-25）

2. 右脚向前上一大步，上体左转，伸膝挺立之际，左腿屈膝提起，上体略右倾；同时，右臂屈肘向右顶出，高与肩平，左勾手变掌，抵于右拳面向右推力；目视右肘。（图2-26）

图2-25

图2-26

十四

狮子抖毛

【练法分解】

1. 上体左转，左脚落步踏实，右腿屈膝向前提起，高与腹平；同时，左掌随转体向左平划，高与眼平，掌心向下，掌棱向前，右拳收抱于腰间；目视左掌。（图2-27）

2. 右脚向右前方落步，左脚外移半步，重心左移，成左横裆步；同时，左掌变拳收抱于左胁前，右拳向前冲出，高与肩平，拳心向下；目视右拳。（图2–28）

3. 下盘不变；右拳收回抱于右腰间，左拳向前冲出，高与肩平；目视左拳。（图2–29）

图2–27

图2–28

图2–29

十五 黑虎掏心

【练法分解】

1. 左脚跟外碾，右脚向后退一大步，上体右转，成右弓步；同时，左拳收抱于左腰间，右拳自腰间向前上方勾出，高与嘴平，拳面向上；目视右拳。（图2-30）

2. 重心移于右腿，左腿屈膝向前提起，成右独立步；同时，右拳上提置于右耳侧，肘尖向后上方，左拳变掌向前推出，腕高平肩，掌尖向上，掌心向前；目视左掌。（图2-31）

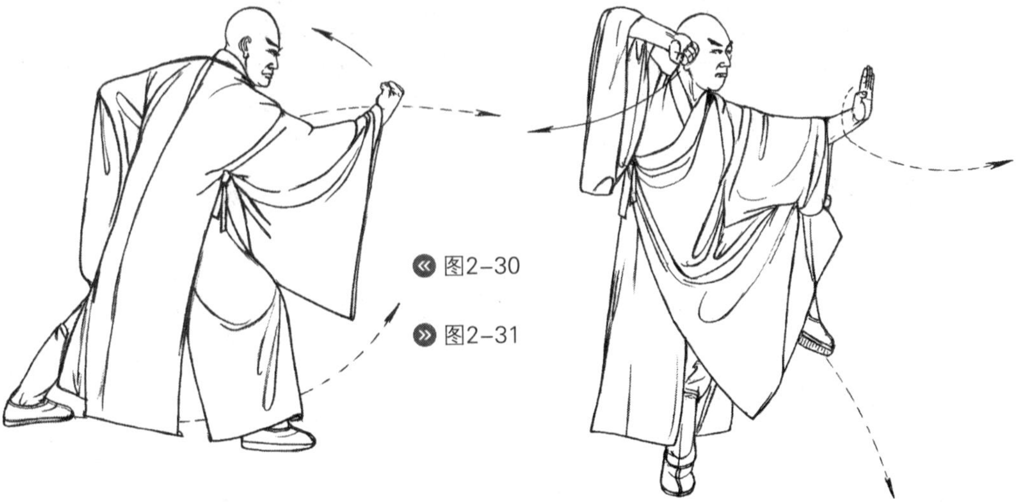

« 图2-30

» 图2-31

十六 凤凰夺窝

【练法分解】

1. 左脚向前落步，右腿挺膝蹬伸，成左弓步；同时，右拳变掌，向右后展臂伸出，坐腕竖掌，腕与肩平；左掌旋转向前推出，掌尖向上，腕与肩平；目视左掌。（图2-32）

2. 重心左移，右脚提起向前蹬出，高与腹平，脚尖勾紧，力达脚跟；同时，右掌变拳，向下经腹前向前上方勾，收于鼻前，拳面向上，左掌向内下划，护于右肘内侧；目视右拳。（图2-33）

图2-32

图2-33

穿心钢肘

十七

【练法分解】

1. 右脚向前落步，随即左转身，两腿屈膝半蹲成左半马步；同时，两手随转身下落于右腹前，左掌按于右拳面；目视左下方。（图2-34）

图2-34

2. 右脚蹬力前送，左脚前移半步，屈膝成左弓步；同时，左掌变拳，右拳变掌抵住左拳面，左臂屈肘向前撞出，高与肩平；目视左前方。（图2–35）

3. 动作不停。右脚向前上一大步，成右弓步；同时，右掌变拳，右臂屈肘向前顶出，高与肩平，左拳变掌抵住右拳面；目视右前方。（图2–36）

图2–35

图2–36

十八 追风炮打

【练法分解】

1. 左脚向前上一大步，成左弓步；同时，右拳旋臂下收，抱于腰间，左掌向前伸臂穿出，高与肩平，掌心向上；目视左掌。（图2–37）

2. 两脚向前滑步，仍成左弓步；同时，右拳向前冲出，高与肩平，左掌内旋，护于右肩前，掌尖向上；目视右拳。（图2–38）

3. 右脚上于左脚内侧，并步直立；同时，左掌变拳向前冲出，高与肩平，右拳变掌，护于左上臂内侧；目视左拳。（图2-39）

图2-37

图2-38

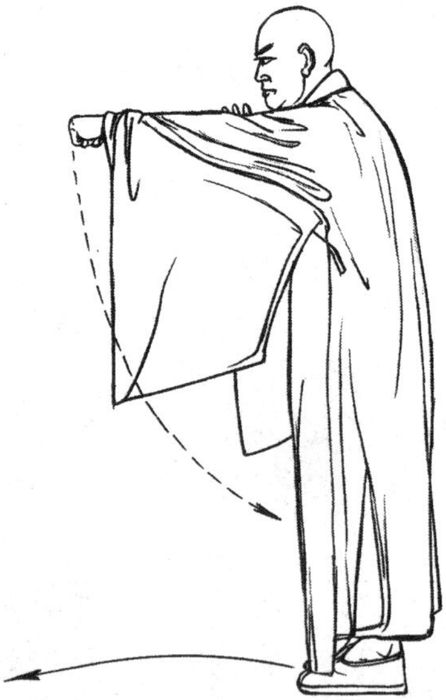

图2-39

十九

端枪蓄势

【练法分解】

1. 右脚向前上一步，上体左转，右腿屈膝半蹲，左腿屈膝跪地，成骑龙步；同时，左拳下栽于左大腿外侧，肘部略屈，拳面向下，拳心向后，右掌变拳置于喉右前方，拳心向下，拳面向左；目视左下方。（图2–40）

2. 左脚尖外展之际，右脚上于左脚后，伸腿直立，上体左转，左腿屈膝提起，成独立步；同时，左拳旋转向前勾提上撞，高与鼻平，左臂竖臂垂肘，右拳移于左肩前；目视左拳。（图2–41）

图2–40

图2–41

二十

追蛇入洞

【练法分解】

1. 左脚向前落步，屈膝前蹲，右腿略屈膝，成左高跪步；同时，左拳旋转向前冲出，略低于左肩，拳心向下，右拳后拉于右锁骨前，拳心向下，肘尖向后；目视左拳。（图2–42）

2. 右脚向前跨一大步，成右弓步；同时，右拳向前冲出，略低于右肩，拳眼向上，左拳收于头左侧，拳面向上；目视右拳。（图2-43）

3. 重心移于右腿，上体略右转；同时，左脚向左上方踹出，高与肩平，上体右倾；两拳内收于胸前；目视左脚。（图2-44）

图2-42

图2-43

图2-44

二十一 二起飞脚

【练法分解】

1. 左脚向左后方落，随之左转身，两脚相并，屈膝下蹲，臀部下沉；同时，两拳下收于腰间；昂首目视前上方。（图2-45）

2. 右脚向前一步，伸膝起立，左脚迅疾向前上方弹踢而出，脚背绷紧，高与额平；同时，两拳变掌上举于头顶前上方，屈腕，掌尖向前；目视左脚。（图2-46）

3. 动作不停。左脚向前下方踏落之际，右脚蹬地向前上方弹踢而出，高与鼻平，左脚前脚掌撑地；同时，两掌向前下按于右膝上方；目视右脚。（图2-47）

图2-45

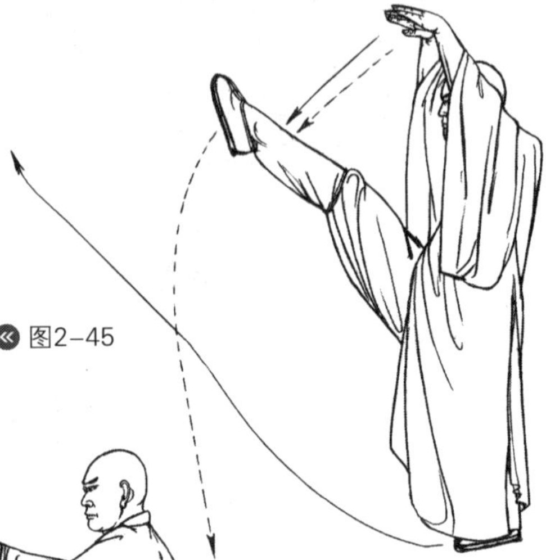

图2-46

图2-47

懒龙盘窝

二十二

【练法分解】

1. 右脚向左脚前落步，随即两掌向前下方按地；同时，左腿屈膝向左上方抬起，右脚随即向后蹬出，使身体与地面平行；目视左脚。（图2-48）

2. 左脚落地，两掌收离地面之际，右脚内收向外画弧后扫；两掌随即按地；目视右脚。（图2-49）

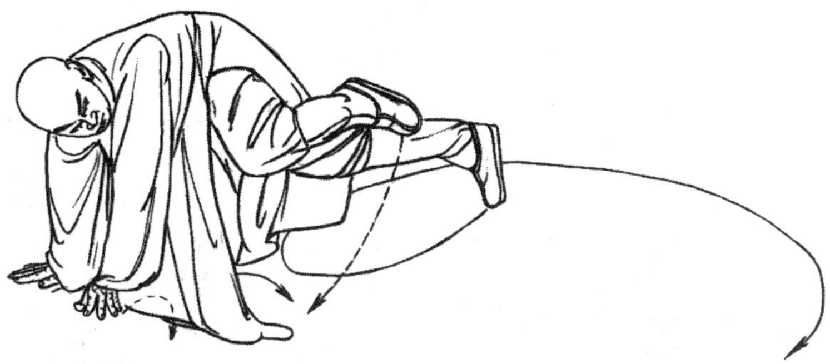

图2-48

图2-49

二十三

迎面扑沙

【练法分解】

1. 上动不停。右脚伸腿继续向后扫约180°，上体右转成左弓步；同时，右掌向前反划于左前方，高与左小腿平，虎口向下，掌心反向斜上方，上体前俯于左膝上方，左掌护于右肩前；目视右掌。（图2-50）

2. 右脚内收半步，重心右移，上体右转，两腿屈膝半蹲成左半马步；同时，右掌右划握拳，屈臂上提于右耳侧，肘尖下垂，拳面向上，拳心对耳，左掌护于右肘尖前下方，虎口对右肘尖；目视左前方。（图2-51）

图2-50

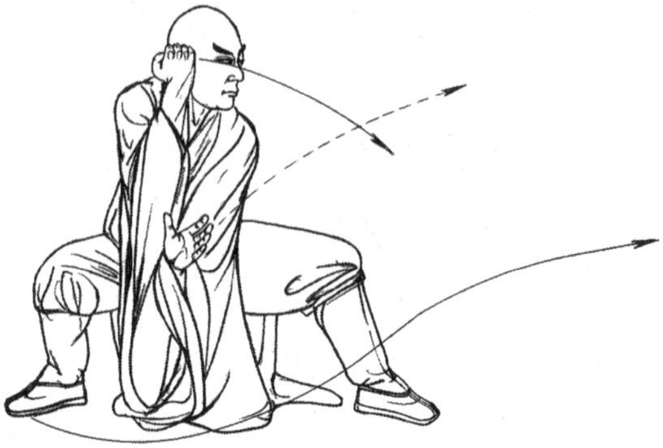

图2-51

二十四

双龙出洞

【练法分解】

1. 重心移于左腿，上体左转，右脚向前弹踢，高与裆平，脚背绷平，力达脚尖；同时，两臂屈肘，两掌护脸掩胸，左上右下，屈腕成掌尖向前；目视前方。（图2-52）

2. 右脚向前落步，左腿蹬挺，成右弓步；同时，两掌旋转，掌棱相并，向前穿出，高与喉平；目视两掌。（图2-53）

图2-52

图2-53

二十五

罗汉下山

【练法分解】

1. 左脚跟内旋，左转身，右脚擦地向左扫约180°，重心左移屈膝成右仆步；同时，左掌变拳收抱于左肋侧，右掌变拳向前下方冲出，停于右小腿上方，拳面向前下方；目视右拳。（图2-54）

图2-54

2. 左脚尖内扣，左腿挺膝蹬伸，重心右移，成右弓步；同时，右拳内转变爪向右上方推托，高过头顶，五指略屈，爪心向前上方；目视前方。（图2-55）

3. 右脚略前移，上体右转，伸膝立起，左脚向前上方弹踢，高与胸平，脚背绷平，力达脚尖；同时，右手收于腰间成拳，左拳变掌向前插出，高与眼平，掌心向下；目视左掌。（图2-56）

图2-55

图2-56

二十六 云顶七星

【练法分解】

1. 左脚向前落步，脚尖外展，右脚跟进半步，上体略左转成扭步；同时，左掌旋转，屈臂架掌于额前，右掌前穿，屈肘托起，高与鼻平，掌心向上；目视右掌。（图2-57）

2. 右脚上一步，左脚前移，两腿并步，屈膝蹲立；同时，两掌翻转下按，至与胸平时变拳向前冲出，高与肩平，拳眼相对；目视两拳。（图2-58）

图2-57

图2-58

二十七

拦腰双撅

【练法分解】

1. 右脚退步，上体右转，两膝略屈扭成虚步；同时，两拳随转身收提于两肩前，肘尖下垂；目视前方。（图2-59）

2. 两脚滑步进身，成右弓步；同时，两拳变掌，以掌棱为力点向前切出，右掌高与鼻平，掌心向前，左掌高与腹平，掌心向上；目视右掌。（图2-60）

图2-59

图2-60

二十八 小神提靴

【练法分解】

1. 重心移于右腿，伸膝直立，左脚内收，脚尖点地，同时，上体前倾；右掌转腕向前穿出，略低于右肩，掌心向上，左掌抡转于右肩前方，高与颌平，掌心向下，掌尖向前；目视右前方。（图2-61）

2. 右转身，左腿提起向左上方踹出，高与胸平，力达脚掌；同时，右掌变拳收于右肋侧，左掌向左切出，高与肩平，掌心向下；目视左前方。（图2-62）

图2-61

图2-62

反背打捶

二十九

【练法分解】

1. 左脚向左落步，左转身，重心前移，右脚跟上半步，伸膝而立，同时，上体略前倾；右臂屈肘向前横击，左掌按住右拳面，推力使右肘向前顶出，高与肩平；目视右前方。（图2-63）

2. 左脚向前进步，成左弓步；同时，右拳向前反背击出，高与额平，左掌护于右肘弯内侧；目视右拳。（图2-64）

图2-63

图2-64

三十 鹞子翻身

【练法分解】

1. 右脚向前跨一大步，随之左转身，成左弓步；同时，右拳变掌，与左掌交叉，左腕架于右腕上，两掌随转身向左前方推出，两臂略屈，掌高约与鼻平；目视两掌。（图2-65）

2. 右脚向前擦地扫出，上体左转，重心落于左腿，屈膝下蹲成右仆步；同时，两掌成勾手，向左右画弧分展于体后，如展翅势，上体略前俯；目视右前下方。（图2-66）

图2-65

图2-66

三十一 双风贯耳

【练法分解】

1. 重心右移，左腿蹬伸，上体右转，成右弓步；同时，两勾手变掌，向前上方交叉前托，约与眼平，两掌心向内；日视两掌。（图2-67）

2. 两掌旋转向下分按，收于两胯外侧，掌心向下，掌尖向前；目视前方。（图2–68）

3. 动作不停。左脚向前跨一大步，成左弓步；同时，两掌变拳，向前上方贯击，高与眼平，拳心相对；目视两拳。（图2–69）

图2–67

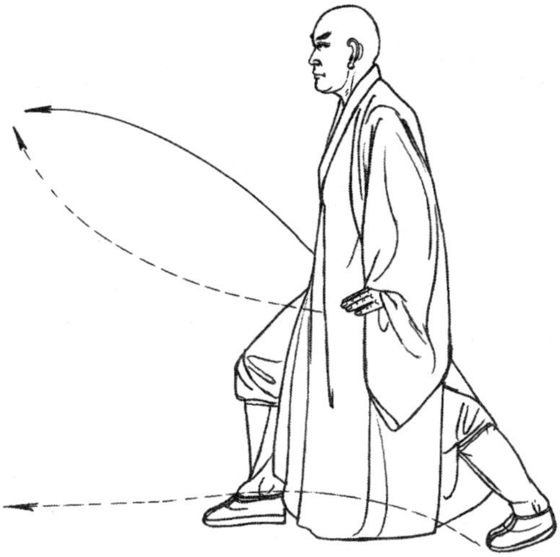

图2–68

图2–69

三十二

古树盘根

【练法分解】

1. 右脚向前上一步，重心落于左腿，屈膝成右虚步；同时，左拳变掌下按于右胸前，右拳变掌向前穿托，高与眼平，掌心向上；目视右掌。（图2-70）

2. 左膝向右膝弯后侧跪，右腿屈膝，下蹲扭成跪步；同时，左掌向前下劈，高与右膝平，右掌左划，护于右肩前；目视左掌。（图2-71）

3. 左腿蹬伸，起身成右弓步；同时，左掌向下、向外画弧，向上拦切，掌尖向上，掌心向右，高与头平；目视左掌。（图2-72）

图2-70

图2-71

图2-72

双抢穿手

三十三

【练法分解】

1. 身体左转约180°，两脚跟后踢，重心落于右腿，成左虚步；同时，两掌收于腰间；目视前方。（图2–73）

2. 接着，右脚向前跨进一步，左腿蹬伸，成右弓步；同时，两掌向前上方穿戳，高与鼻平，掌棱相并；目视两掌。（图2–74）

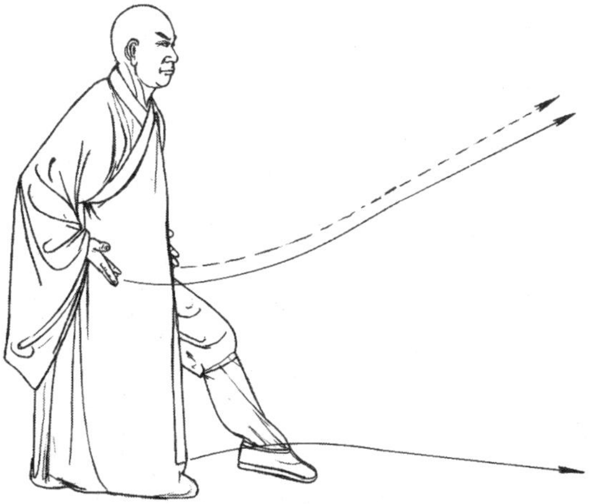

图2–73

图2–74

三十四

罗汉观阵

【练法分解】

1. 右脚前移，左腿屈膝向前上方提顶而出，高与腹平；同时，两掌收于胸际两侧；目视前方。（图2-75）

2. 左脚向前落步，同时，右脚向前上方弹踢，脚背绷紧，力达脚尖，高与眼平；两掌协动；目视右脚尖。（图2-76）

图2-75

图2-76

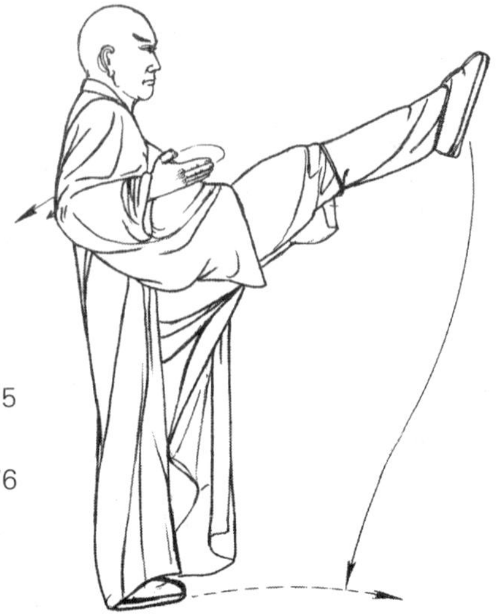

三十五

罗汉端灯

【练法分解】

1. 右脚向前落步，左脚上于右脚内侧，随即身体左转，重心落于左腿，屈膝半蹲，右脚跟提起，成右丁步；同时，右掌随转身向前变爪抓出，高与鼻平，爪心向前，左掌护于右肩前；目视右爪。（图2-77）

2. 动作不停。右脚上一步，左脚紧随向前跨一步，脚尖点地，重心移于右腿，成左虚步；同时，右爪向右外划，左掌变拳向前勾出，高与鼻平，拳面向上；目视左拳。（图2-78）

《 图2-77

》 图2-78

三十六

顺步单鞭

【练法分解】

1. 左脚跟落地，右脚向前跨一步，身体左转，两腿屈膝半蹲，成右半马步；右爪变拳，竖臂前裹，拳心对鼻，拳面向上，左拳竖臂立于左颌前，拳面向上；目视右前方。（图2-79）

2. 上体右转，左脚向前方跨进一大步，右腿蹬伸，成左弓步；同时，左拳向前挂出，高与额平，拳心向右，右拳向右后反甩伸臂，略低于肩，拳眼向上；目视左拳。（图2-80）

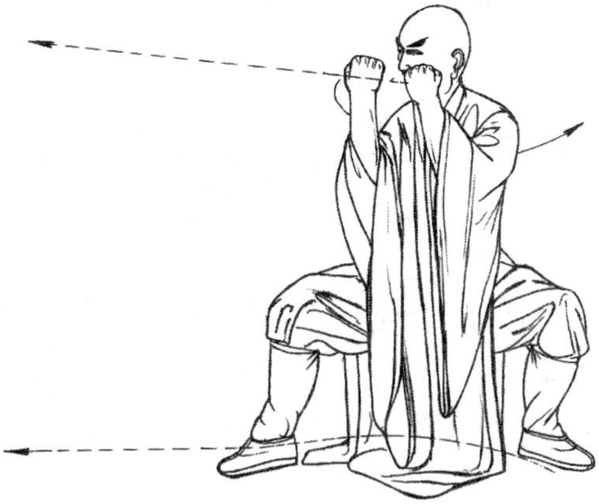

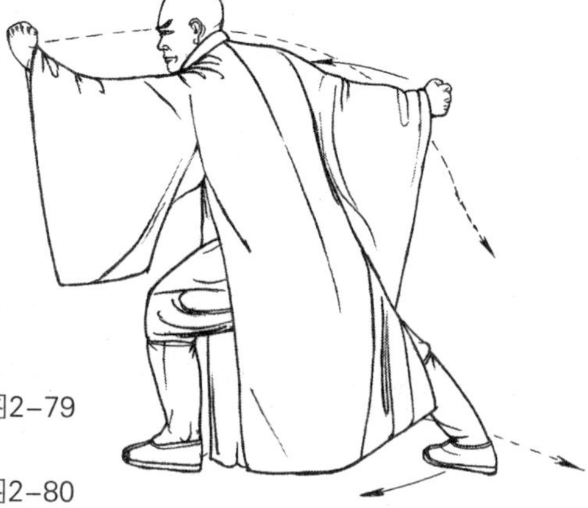

《 图2-79

》 图2-80

三十七

连环三捶

【练法分解】

1. 身体右转，右脚退半步，随即左脚向前上步，脚尖点地，重心落于右腿，成左虚步；同时，右拳内收于左胸前，拳心向下，左拳变掌，随转身向前下按，高与腹平，掌心向下，掌尖向右，掌棱向前；目视前方。（图2–81）

2. 左脚前进半步，右腿蹬伸，成左弓步；同时，左掌变拳收抱腰间，右拳向前冲出，高与鼻平，拳眼向上；目视右拳。（图2–82）

图2–81

图2–82

3. 随即，左脚略前移步；左拳向前冲出，高与嘴平，右拳变掌收护于左肩前方，掌尖向上；目视左拳。（图2–83）

4. 动作不停。左弓步不变；右拳迅疾向前冲出，高与肩平，拳眼向上，左拳收抱于腰间；目视右拳。（图2–84）

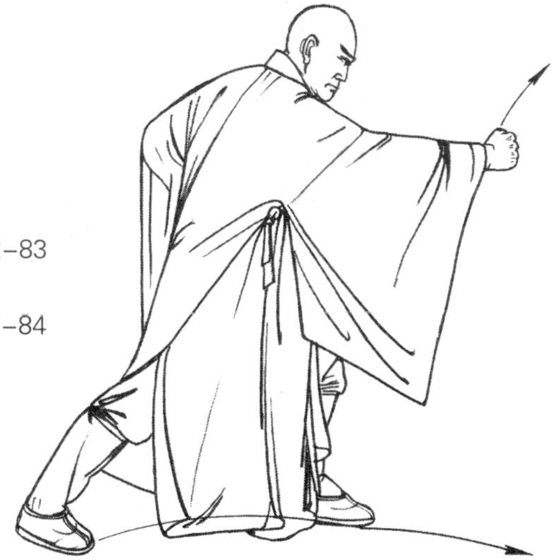

« 图2-83

» 图2-84

三十八

小跨虎步

【练法分解】

1. 右脚向前跨一步，重心落于左腿，屈膝半蹲，成右虚步；同时，左拳抱腰不变，右拳变掌，旋腕前格，高与头顶平，掌尖向上；目视右掌。（图2-85）

2. 左脚向前跨一步，脚尖点地，重心落于右腿，上体右转，成左虚步；同时，右掌变剑指，下收于左胸前下方，指尖向上，左拳提起向前画弧下栽，拳面向下，拳心向外，肘尖上提约与胸平；目视前方。（图2-86）

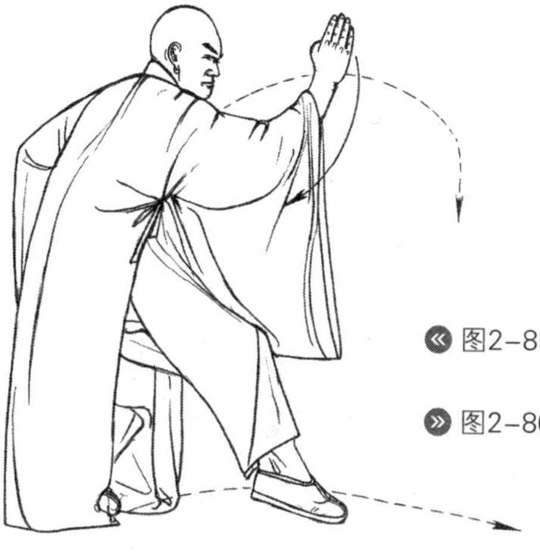

« 图2-85

» 图2-86

三十九

猛虎出洞

【练法分解】

1. 左脚内收半步，随即右转身，右脚向前半步，两腿屈膝半蹲，成右半马步；同时，两手成拳，随转身向大腿内侧下砸，高与膝平，两拳心相对，拳眼向上，右拳位于右膝前，左拳位于裆前；目视右前方。（图2–87）

2. 两脚滑步进身，左腿蹬伸，成右弓步；同时，右倾身，两拳向右前方撞出，右拳高与喉平，左拳高过头顶，两拳面斜相对；目视右拳。（图2–88）

图2–87

图2–88

四十

紫燕双飞

【练法分解】

1. 上体左转，右脚向左脚内侧垫步，左脚迅疾向左上方踹出，高与肋平；同时，左拳向左后方划，于左肋后成勾手，右拳变掌架臂于额头右前方，掌尖向左前方；目视左后方。（图2–89）

2. 左脚向前落步，右腿蹬伸，成左弓步；同时，右掌变拳收抱于腰间，左勾手变掌向前推出，掌尖向上，高与鼻平；目视左掌。（图2–90）

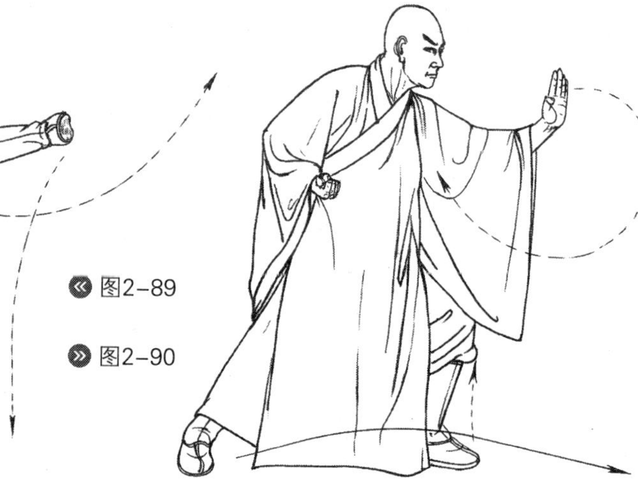

《 图2–89

》 图2–90

四十一 手挥琵琶

【练法分解】

1. 右脚向前跨一步，左脚迅疾屈膝提起，同时，上体略前倾；右拳抱腰不变，左掌向前、向右画弧收于右锁骨前方，掌尖向上，掌心向右；目视左前下方。（图2–91）

2. 左脚向前跨落，右腿蹬伸，上体左转，成左弓步；同时，右拳变掌，与左掌一齐向前、向左斜砍，左掌高与鼻平，右掌高与肋平，力达掌棱；目视右掌。（图2–92）

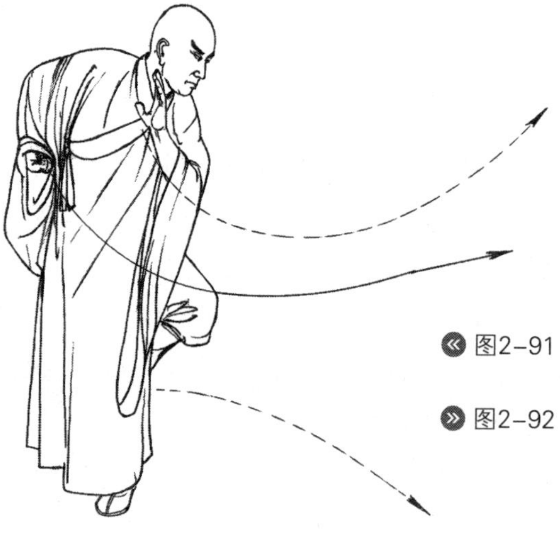

《 图2–91

》 图2–92

四十二

霸王开弓

【练法分解】

1. 右脚内收一步，上体右转，左脚向左摆跨一步，重心移于左腿，成左横裆步；同时，右掌变拳收抱腰间，左掌随转身向右前画弧格拦，力达掌棱，高与额平，掌尖向上；目视左掌。（图2-93）

2. 步形不变；左掌变拳收于左肋侧，同时，右拳变掌向前插出，高与肩平，掌心向下，掌尖向前，两手形成拉弓势发力；目视右掌。（图2-94）

图2-93

图2-94

四十三

罗汉观景

【练法分解】

1. 右脚向前上一步，重心落于左腿，右脚尖内扣，两膝内扣沉身，臀部略坐；同时，右掌收于腰间，左掌向前上方格出，高与眼平，掌心斜向右，力达掌棱；目视左掌。（图2-95）

2. 左脚向前跨一步，屈膝半蹲；右腿屈膝沉跪成左跪步；同时，左掌向后甩掌伸臂，高与腰平，掌心向下，右掌向前推出，高与额平，掌棱斜向前方；目视右掌。（图2–96）

图2–95

图2–96

四十四

撩手推山

【练法分解】

1. 右脚向前跨进一大步，左腿蹬伸，成右弓步；同时，左掌向前撩出，高与腹平，掌心向上，掌尖向前，右掌收护于左上臂外侧，掌背贴臂；目视左掌。（图2–97）

图2–97

2. 左脚向前跨一步，屈膝半蹲，右膝屈跪于左小腿后侧，成左跪步；同时，左掌向上画弧变爪，架于额前上方，右掌向前斜砍至半途，猛然旋腕扣指成爪撩抓，高与肩平，爪心向上；目视右爪。（图2–98）

3. 动作不停。左脚向前一步，右腿蹬伸，成左弓步；同时，两爪成掌，以蝶掌势向前推出，左上右下，两掌根相对，左掌高与眉平，右掌高与腹平；目视左掌。（图2–99）

图2–98

图2–99

四十五 神龙折身

【练法分解】

1. 身体右转约180°，两脚随之蹍转，成右弓步；同时，两掌变拳，随转身向前上勾撞，至与鼻平时两拳相并，拳棱相贴，拳面向上；目视双拳。（图2–100）

2. 右脚前移半步，左脚向前上方弹踢而出，高与腹平，脚背绷紧，力达脚尖；同时，两拳变掌向下、向后划撑，高与胯平；目视左脚。（图2–101）

图2-100

图2-101

四十六 罗汉睡觉

【练法分解】

1. 上体右转，左脚向右后方落步，同时，上体右屈；右臂屈肘顶地，右拳面抵于头右侧；右腿屈膝侧落，小腿外侧贴地，成右侧卧势；左臂弯曲，左拳向左上方举起；目斜视左拳。（图2-102）

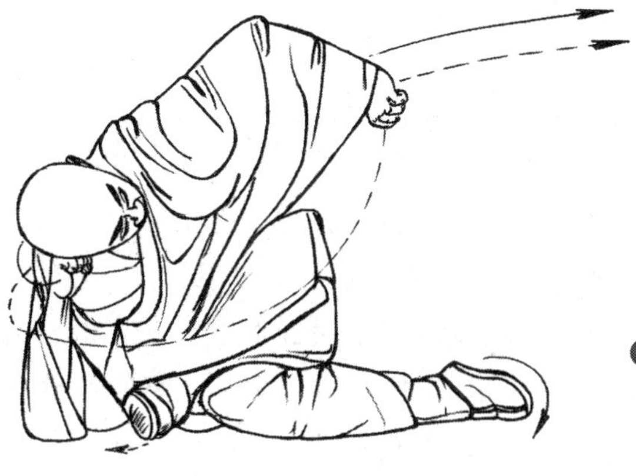

图2-102

2. 两脚用力，脚掌贴地，身体右转，立身而起，成右半弓步；同时，两拳变掌，随转体向前插出，高与喉平，两虎口相并，掌心向下；目视两掌。（图2–103）

3. 动作不停。右脚前移；两掌抖劲变拳前撞，拳心相对，拳眼向上；目视双拳。（图2–104）

图2–103

图2–104

四十七

推掌扳手

【练法分解】

1. 右脚尖内扣，身体左转；两拳变掌，左掌随转身向左画弧伸出，高与肩平，掌心向下，掌尖向前，右掌护于左肘弯内侧；同时，左脚掌绕转成提膝前踏势，脚尖上翘；目视左掌。（图2–105）

2. 动作不停。左脚向前踏落一步，右脚跟步蹬伸，成左弓步；同时，左掌坐腕向前推击，掌棱向前，掌尖向上，腕高与肩平；目视左掌。（图2–106）

3. 右脚向前上一步，重心落于左腿，成右虚步；同时，右掌向前方穿出成托掌，高与鼻平，左掌下按于右肘内侧下方；目视右掌。（图2-107）

图2-105

图2-106

图2-107

四十八 旋风飞脚

【练法分解】

1. 身体左转，左脚外摆，同时，右脚向前上方横扫，高与腹平，力达脚背；两掌左右分展保持平衡；目视右脚。（图2–108）

2. 右脚内扫落步，上体迅疾左转180°，同时，左脚向后撩出。（图2–109）

3. 动作不停。左脚后撩，继续向左后方转，同时，右脚蹬地而起，向前上方旋扫，身体左转悬空；目视右脚。（图2–110）

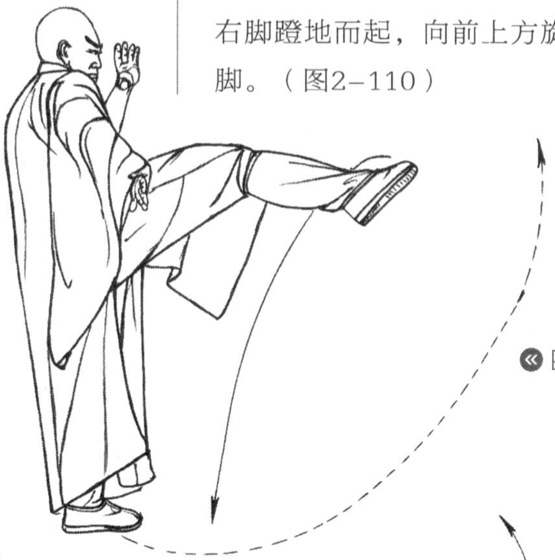

图2–108

图2–109

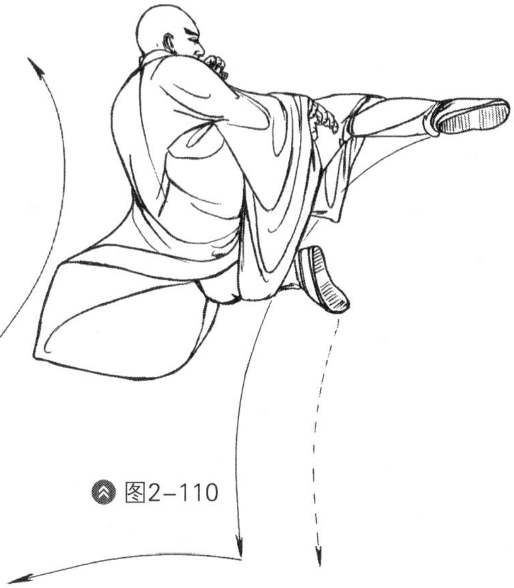

图2–110

四十九

云手仆步

【练法分解】

1. 右腿继续向左旋扫，整个身体旋转约360°。左脚先落地，右脚紧随落地，随即，左腿屈膝全蹲，右脚迅疾向前擦地伸腿，成右仆步；两掌按地于左脚内侧；目视右脚。（图2–111）

2. 起身，左脚向右脚内侧收拢，右腿迅疾屈膝提起成左独立步，右脚掌贴于左膝内侧；同时，两臂交叉，右上左下，左掌心向上，置于右膝上方，右掌置于左肩前，掌尖向上，掌心向左，上身略前倾；目视右前下方。（图2–112）

3. 右脚向前落地，左脚迅疾垫步，同时，右脚向前擦地伸出，左腿屈膝全蹲，成右仆步；左掌收于左肋前方，右掌向前下方斜切而出，置于右小腿上方，力达掌棱；目视右掌。（图2–113）

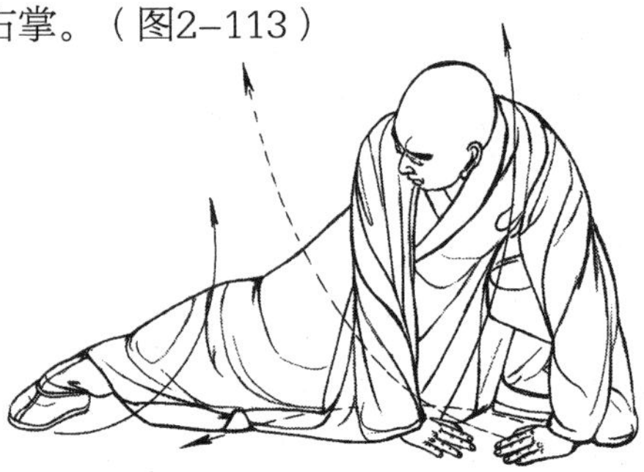

图2–111

图2–112

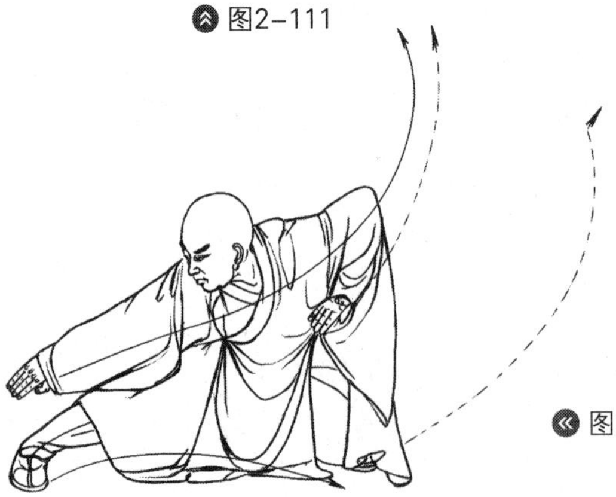

图2–113

五十 二起飞脚

【练法分解】

1. 身体起立，左转体之际，右脚向左脚收步。随即，左脚向前上方弹踢而出，脚背绷直，力达脚尖，高与胸平；两臂上举，两掌屈腕相并于头顶上方，掌心向下，掌尖向前；目视左脚。（图2–114）

2. 动作不停。左脚向前下压之际，右脚迅疾蹬地向前腾空箭弹而出；同时，两掌变拳向左右分开，左拳前伸于右小腿上方，右拳向右后方斜伸于腰部后方；目视右脚。（图2–115）

图2–114

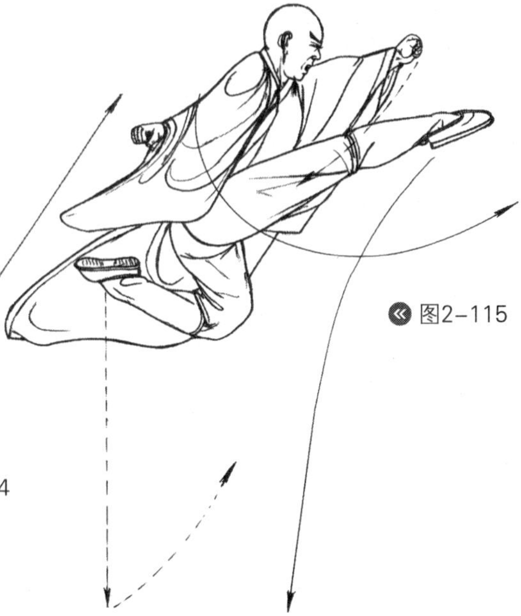

图2–115

五十一 罗汉削竹

【练法分解】

1. 左脚先落地，右脚紧随向前落地，随即重心落于右腿，左腿屈膝提起，同时上体右转；右臂屈肘向右顶出，左拳变掌抵按于右拳面；目视右肘。（图2–116）

2. 身体左转，左脚落步，右脚迅疾向左前上步，两腿伸立成大开步，右脚尖向前，左脚尖外展；同时，右臂立肘向前推出，右掌尖向上，高与额平，左掌护于右前臂内侧；目视前方。（图2–117）

3. 右脚前移半步，左腿蹬伸，成右弓步；同时，左掌向前插出，高与嘴平，虎口向上，右掌内收于左腋前；目视左掌。（图2–118）

图2–116

图2–117

图2–118

五十二

撩阴搜裆

【练法分解】

1. 左脚尖外展，上体迅疾左转，右腿屈膝向前上方顶出，高与腹平；同时，左掌随转身收于右肋侧，右掌随转身向前插出，高与肩平，掌心向下；目视右掌。（图2-119）

2. 动作不停。右腿向前弹踢而出，高与裆平，脚背绷平，力达脚尖；同时，右掌变拳，内收于右肩前，肘尖下垂，左掌变拳，上提于脸左前方，高与额平，拳面向上，拳眼对面；目视右脚尖。（图2-120）

图2-119

图2-120

3. 右脚向后收落，屈膝半蹲，左脚尖点地，成左虚步；同时，左拳变掌向右下方按，至右肋侧之际，迅疾向前穿出成托掌，高与眉平，右掌护于左上臂内侧；目视左掌。（图2-121）

图2-121

敛劲收势

五十三

【练法分解】

1. 左脚内收于右脚内侧，两脚并步，上体右转；同时，两腕向腹前交叉，左上右下，两掌心向上；头右倾，目视前右下方。（图2-122）

2. 两掌向左右分开上举，至与肩平；目视右掌。（图2-123）

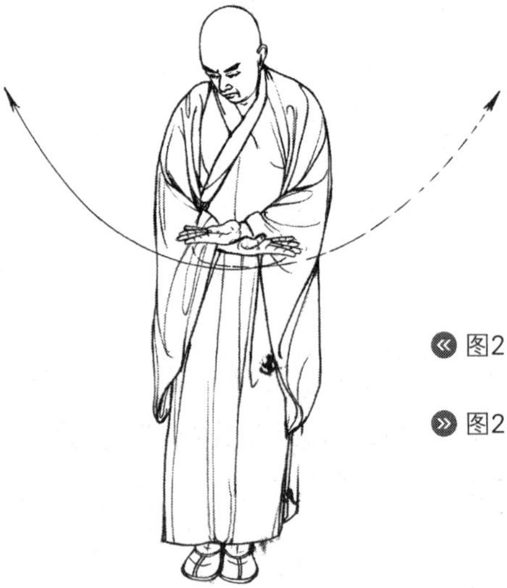

图2-122

图2-123

3. 动作不停。两掌继续向上举至头顶正上方，两掌心相贴，掌尖向上；目视前方。（图2–124）

4. 两掌沿面前下落，于胸前合十。（图2–125）

5. 最后，两掌分开，下落体侧。全身放松，调整呼吸，全套收势。（图2–126）

图2–124

图2–125

图2–126

第三章
秘传南派少林拳

武术有“南北少林”之分。据考证，南少林寺在清初毁于战乱，现已在福建莆田九莲山下重建。南少林寺由嵩山少林寺分衍而成，是少林武术南派的发祥地，留下了独具特色的南少林拳，主要拳派有洪、刘、蔡、李、莫五大家。

据传，南少林拳源起于明代一贯禅师，“（一贯）从觉远上人苦练，功夫出众，后随之游南，内外兼得，门徒甚众，名震一时”。

本拳为综合型套路，动作美观，衔接自然，技法实用，利于自学，乃不可多得的优秀南派少林拳法。今笔者首次将其整理出来，试行推广。

一

出手有礼

【练法分解】

1. 两脚并步，正身直立；两手垂于体侧；呼吸自然，目视前方。（图3–1）

2. 两手抓握成拳，收抱于腰间。（图3–2）

3. 上体右转；右拳略后收，左拳变掌按于右拳面；同时，头右转收颌，目视两手。（图3–3）

图3–1

图3–2

图3–3

4. 上体左转，左脚向前上半步，脚尖点地，重心落于右腿，成左虚步；同时，左掌、右拳向正前方推出，高与胸平；目视前方。（图3–4）

5. 右脚上步于左脚内侧，并步正身直立；同时，两手收于腰间成拳，头部猛然左转；目视左侧。（图3–5）

6. 两脚蹬地起跳，向左右分开踏落，成左半马步；同时，左拳变掌，按于右腰际的右拳面前方；目视左侧。（图3–6）

图3-4

图3-5

图3-6

二

脱手劈掌

【练法分解】

1. 右脚跳起垫步，左脚前滑，仍蹲成左半马步；同时，右拳不变，左手成单指掌向左画弧推出，约与嘴平，指尖向上，掌心向左；目视左手食指。（图3-7）

2. 上体左转，右脚向前跨一大步，左腿蹬伸，成右弓步；同时，右掌向前上方弧形斜劈，高与额平，掌心向上，掌棱向左，掌尖向前斜上方，左掌右按，置于右肋前，掌心向下，掌尖向右；目视右掌。（图3-8）

图3-7

图3-8

三

挑插标指

【练法分解】

1. 重心左移，右脚内收一步，提起脚跟，前脚掌着地，膝部略屈跪，左腿屈膝半蹲；同时，右掌向左下方按掌画弧，继向右前下方按出，高与胯平，掌心向下，掌尖向前，左掌护于右肩前，虎口对肩；目视右掌。（图3-9）

2. 右脚向前一步，左腿蹬伸，成右弓步；同时，右掌内转上提，屈肘竖臂立于右肩前，高与头平，掌尖向上，掌心向后，左掌向前插，高与肩平，掌心向下；目视左掌。（图3-10）

图3-9

图3-10

四

标扫挑打

【练法分解】

1. 左脚垫步，右脚迅疾提起向前蹬出，约与裆平，脚尖上勾，力达脚跟；同时，两掌握拳，右拳立于鼻前，拳心向里，左拳内收于右肘前下方，拳心向下；目视右脚。（图3–11）

2. 右脚向前落步，左腿蹬伸，成右弓步；同时，右拳稍向上提，左拳向前冲出，高与肩平，拳心向下；目视左拳。（图3–12）

图3–11

图3–12

五 正马横肘

【练法分解】

1.左脚向前跨一步，右转身，两腿屈膝半蹲成左半马步；同时，左拳变掌向左弧形切出，高与颌平，掌心向下，掌棱向左，右拳收抱于右腰间；目视左掌。（图3–13）

2.右脚向左前跨一步，上体左转，两腿屈膝半蹲成马步；同时，右臂屈肘，随上步转体向前横击并前顶，肘尖高与腮平，左掌变拳收抱于左腰间；目视右肘。（图3–14）

图3–13

图3–14

六 箭马攻桥

【练法分解】

1.右脚尖外展前移，左腿蹬伸，成右弓步；同时，右拳前翻向右挂击，高与额平，拳面向上，左拳向左后方斜伸，略低于腰，拳心向后；目视右拳。（图3–15）

2.左脚向右前方跨一大步，右转身，右腿蹬伸，成左弓步；同时，左臂屈肘，以左前臂向前推架而出，左掌高与颌平，掌心向下，掌棱向前，右拳变掌，裹臂上架于头顶上方，虎口向下，掌尖向左前方；目视左前方。（图3–16）

图3-15

图3-16

七

绊马推掌

【练法分解】

右脚向左前方跨一大步，左腿蹬伸，成右弓步；同时，右掌外旋，向前斜劈，至正前方与鼻平时，向前推击，力达掌棱，掌心向上，左掌下按，置于右肘尖下方，掌心向下，掌尖向右；目视右掌。（图3-17）

图3-17

八 顶肘撞拳

【练法分解】

1. 身体左转，重心移于右腿，左脚向内收步，成左虚步；同时，右掌随转体划出，至左前方陡然变虎爪前推，高与眉平，左掌成虎爪收于左腹侧，爪心向下；目视右虎爪。（图3–18）

2. 右脚向前上一大步，上体左转，两腿屈膝半蹲成马步；同时，右爪抓握成拳，右肘向右顶出，高与肩平，左爪上提垂肘，置于左肩前上方，虎口对肩；头右转，目视右前方。（图3–19）

图3–18

图3–19

3. 右脚尖外展，左腿蹬伸，成右弓步；同时，右拳翻转向前撞出，高与额平，拳心对面，左爪下按于左腹侧，肘尖向后争力；目视右拳。（图3–20）

图3-20

九 缠手截肘

【练法分解】

1. 两脚前滑步；同时，右拳下收变虎爪，左爪上移，至胸前，两虎爪向前推出，高与眼平，虎口相对，两臂平行；目视双爪。（图3-21）

2. 上体左转，两腿成右横裆步；同时，左肘向左拉与胸平，左爪置于左肋前，爪心向下，右爪变掌，随转身裹臂拦于左胸前，掌尖向上，高与额平，掌心向左；头左转，目视左前方。（图3-22）

图3-21

图3-22

十

仙人摘茄

【练法分解】

1. 右脚向左前方跨一步，重心移于左腿，成右虚步；同时，右掌向前下方画弧收于右腹侧，掌心向上，掌尖向前，左掌以爪棱向前上方推出，高与鼻平，臂呈弧形；目视左爪。（图3-23）

2. 右脚前移，左腿蹬伸，成右弓步；同时，左掌坐腕前推，高与额平，右掌成爪向前撩出，高与小腹平，虎口向外，爪心向前；目视前方。（图3-24）

图3-23

图3-24

十一

二龙争珠

【练法分解】

1. 重心移于左腿，右脚内收，两腿屈膝半蹲，成右半马步；同时，两手顺时针旋划，左掌置于右腹前，掌心向上，右手上提至与额平时，屈肘竖臂，勾腕直掌，成蛇头手势；目视右前方。（图3-25）

2. 动作不停。右脚右移，左腿蹬伸，成右弓步；同时，右掌呈二龙指前插，高与眼平，左掌前穿，高与腹平，两手心遥遥相对；目视右指。（图3-26）

图3-25

图3-26

十二 一围手

左脚垫步，右脚迅疾提起向前勾踢，高与裆平；同时，两手左右分展，左掌屈臂置于右肩前，掌尖向上，掌心向右斜前方，右手向右下划，伸臂于臀部后成勾手，勾尖向后上方；目视右前方。（图3-27）

图3-27

十三 豹拳

【练法分解】

1. 右脚继续向左弧形划落，左转体，左腿蹬伸，成右弓步；同时，右勾手随转体向左伸臂画弧，至右前方时屈指成豹手，向前击出，高与鼻平，手心向下，左手变豹手，护于右肩前；目视右手。（图3–28）

2. 重心移于左腿，右脚内收，两腿屈膝半蹲，成右吊马步；同时，右豹手收于右腮侧，屈肘竖臂，左豹手向前击出，高与鼻平；目视左手。（图3–29）

3. 动作不停。右脚进步，左腿蹬伸，成右弓步；同时，右豹手向前击出，高与鼻平，手心向下，左豹手抡转，置于右豹手后下方，手心向上；目视右手。（图3–30）

图3–28

图3–29

图3–30

十四

蛇形手

【练法分解】

1. 重心左移，右脚尖内扣，上体左转，成左横裆步；同时，两手变蛇形掌内收，屈肘竖臂折腕，右手高与鼻平，左手内收于右腋前；目视右手。（图3-31）

2. 重心右移，两腿屈膝成右马步，上体前探；同时，右掌尖绕圈前插，高与头平，左手置于右肘弯内侧；目视右手。（图3-32）

3. 左腿蹬伸，上体右转，成右弓步，同时，右掌外划下沉；左掌前插，高与眼平；目视左掌。（图3-33）

图3-31

图3-32

图3-33

十五

鹤嘴手

【练法分解】

1. 左脚上于右脚后，右脚迅疾前移提起脚跟，成右丁步；同时，右掌前插，高与头平，屈肘竖臂折腕成蛇形掌，左掌下划，置于右肘下方，掌尖向前下方；目视右掌。（图3–34）

2. 动作不停。右掌下收于右腰间，左掌变鹤嘴手，向前上方、向左画弧啄出，高与鼻平，虎口向下；目视左手。（图3–35）

图3–34

图3–35

3. 右脚向前进步，左腿蹬伸，成右弓步；同时，左鹤嘴手变掌下沉，虎口向下，掌尖向前斜下方，右掌成鹤手，向外、向上、向前画弧，向左勾腕点掌，高与额平，掌心向上，掌尖向左；目视右手。（图3–36）

图3-36

白鹤展翼

十六

【练法分解】

1. 左腿独立，右腿迅疾屈膝向左上方提，同时，上体左转；左掌向左斜上方画弧伸出，掌心向上，掌尖向左斜上方，右掌收至右肋前，再向右斜下方划掌伸臂，高与胯平，掌心向下，掌尖向后斜下方；目视右掌。（图3-37）

2. 右脚向前落步，随即左转身，右腿蹬伸，成左弓步；同时，左掌变勾手，随转体向左下方划勾，指尖向左外方，高与腰平，左肘肘尖上提，右掌随转体画弧向左前方旋点，高与眼平，掌心向上，屈腕，掌尖向左斜前方；目视右掌。（图3-38）

图3-37

图3-38

十七

叶底偷桃

【练法分解】

1. 右脚向左前方跨一大步，随之，左脚尖外展，左转体，成左横裆步；同时，左勾手变掌，上架于额头前方，掌棱向上，掌尖向右，右掌下划，下插于裆部右侧前方，掌尖向下，掌心向前；目视右斜前方。（图3-39）

2. 动作不停。身体继续左转，成左弓步；同时，右掌随转体向左前上方画弧托掌，至与胸平，左掌随转体向左斜上方划举，高过头顶，屈指呈爪状，虎口向下方，左臂呈弧形；目视右掌。（图3-40）

图3-39

图3-40

十八

将军带马

【练法分解】

1. 重心移于左腿，右脚向左前方蹬出，高与腹平，脚尖勾紧，力达脚跟；同时，左爪下划前推于右膝内侧前上方，爪心对右脚，右掌屈指成爪上提，高与嘴平，虎口向里，爪棱向前；目视右脚。（图3-41）

2. 右脚向前落步，左腿蹬伸，成右弓步；同时，右臂屈肘向前横击，至右前方之际抖劲前顶，高与鼻平，左爪握拳收于左腰间；目视右肘。（图3-42）

图3-41

图3-42

十九

月里藏花

【练法分解】

1. 左脚向右前方上一步，脚尖点地，重心移于右腿，屈膝半蹲成左丁步；同时，左拳变爪，爪棱向前画弧推出，高与肩平，左臂略屈，右肘下收，右爪护于左肩前；目视左前方。（图3-43）

图3-43

2. 左脚向前一步，伸腿蹬力，重心移于右腿，成右横裆步；同时，上体略右旋之际，右爪收于右腰间，爪心向上，左爪变成爪心向下，向左下方击出，高与胯平；目视左爪。（图3-44）

3. 右脚向左前方跨一大步，左腿蹬伸，上体左转，成右弓步；同时，左爪变拳收抱于左腰间，右爪变拳向前冲出，高与鼻平，拳眼向上；目视右拳。（图3-45）

图3-44

图3-45

二十

流星赶月

【练法分解】

1. 左脚尖外展，左转体之际，右脚向左前方勾踢而出，高与左膝平；同时，左拳变掌，随转身亮掌于头额前上方，虎口向下，掌心向前，右拳下收于右大腿外侧，拳心向后；目视右脚尖。（图3-46）

2. 右脚向前落步，重心前移，左脚向右前方勾踢，高与右膝平；同时，右拳向前上架于头额前上方，成半握拳，左掌下划，至臀部左后方成勾手，指尖向后上方；目视左脚。（图3–47）

3. 左脚向前落步，重心前移之际，右腿提起向前蹬出，高与裆部平；同时，右拳收抱于腰间，左勾手变拳向前冲出，高与鼻平，拳心向下；目视前方。（图3–48）

图3–46

图3–47

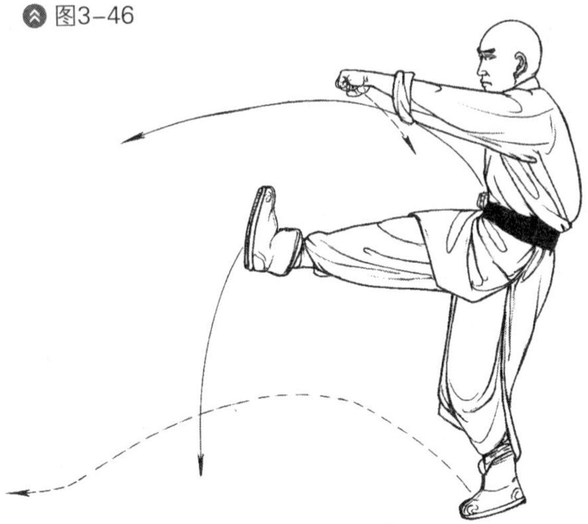

图3–48

二十一 迎风摆柳

【练法分解】

1. 右脚向前落步，左脚迅疾向前跨一大步，右腿蹬伸，成左弓步；同时，左拳抱于左肋前，拳心向上，右拳变掌，向前斜砍，高与额平，掌心向上，掌尖向前斜上方；目视右掌。（图3-49）

2. 右脚向左前方跨一大步，左腿蹬伸，成右弓步；同时，右掌旋腕向前扣指成爪，高与额平，爪心向上，虎口向前，左拳变爪置于右腋前，爪心向下；目视右爪。（图3-50）

图3-49　图3-50

二十二 巡门捶

【练法分解】

1. 左脚尖外展，右脚尖内扣，左转身，两腿屈膝半蹲成左半马步；同时，左爪变拳，随转身向左挂击，略低于肩，拳心向上，拳面向左上方，右爪变拳，架于右肩上方，高过头顶，拳眼向下；目视左拳。（图3-51）

2. 右脚向左前方上一大步，左脚跟抬起，上体左转，成右弓步；同时，右拳向外、向下画弧，至胸前时抡转成拳心向上，向右前上方撞出，高与眼平，上体前探，左拳护于胸前，拳心向下；目视右拳。（图3-52）

3. 左膝沉跪，上体右转，成右跪步；同时，右拳收于右颌侧，拳眼向里，左拳向前劈砸，高与肩平，拳眼向上，力达拳棱；目视左拳。（图3-53）

图3-51

图3-52

图3-53

二十三

箭捶

【练法分解】

1. 身体左转，左膝立起，两腿屈蹲成右半马步；同时，右拳变掌向前反甩，屈肘竖臂，掌高过头，掌尖向上，掌背向前，左拳变掌，旋腕下按于右臂下方，掌心向下，掌尖右前方；目视右掌。（图3–54）

2. 左脚向右前方跨进一大步，右腿蹬伸，成左弓步；同时，右掌变拳，收于右肋前；左掌变凤眼捶向前击出，高与肩平，拳眼向上；目视左拳。（图3–55）

图3–54

图3–55

3. 右脚向左前方跨一大步，左腿蹬伸，成右弓步；同时，左拳收抱于左腰间，右拳变凤眼捶向前击出，高与胸平，拳眼向上；目视右拳。（图3–56）

图3-56

扣捶

二十四

【练法分解】

1. 重心移于左腿，屈膝半蹲，右脚内收一步于左脚内侧，脚尖点地，成右丁步；同时，右拳变掌内收，沿右腿外侧下划，勾腕折掌于右小腿外侧，掌尖向右斜下方，左拳变掌上架于额前，掌尖向右，掌棱向上；目视右下方。（图3-57）

图3-57

2. 右脚向右前方进一步，左腿蹬伸，成右弓步；同时，右掌旋腕扣指成拳，向前上方撞出，高与额平，拳面向上，左掌变拳向左后方划出，高与臀平，拳心向后；目视右拳。（图3–58）

3. 左脚向前上一步，前脚掌着地，右腿屈膝半蹲，成左虚步；同时，右拳收抱于右腰间，左拳向前上方撞出，高与额平；目视左拳。（图3–59）

图3–58

图3–59

二十五 哨捶

【练法分解】

1. 左脚跟落地，重心仍在右腿；左拳转腕向前击出，高与肩平，拳眼向上，右拳抱腰不变；目视左拳。（图3–60）

2. 右脚向前跨一步，两腿屈膝半蹲，上体左转，成右半马步；同时，右拳向右撞出，高与胸平，左拳下收，抱于左腰间；目视右拳。（图3–61）

3. 右脚向右后方撤一步，重心右移，两腿屈膝半蹲，上体右转，成左半马步；同时，右拳收回抱于腰间，左拳向左冲出，高与胸平，拳眼向上；目视左拳。（图3-62）

4. 左脚前移，右腿蹬伸，成左弓步；同时，右拳抱腰不变，左拳下落向外画弧、向前横击，高与头平，拳面向右，拳眼对面；目视左拳。（图3-63）

图3-60

图3-61

图3-62

图3-63

二十六

飞帘脚

【练法分解】

1. 重心移于左腿，右脚向前蹬出，高与裆平；同时，右拳抱腰不变，左拳变掌向前下按，高与肩平，掌棱向前；目视左掌。（图3-64）

2. 右脚向前落步，重心前移，左腿提起向前蹬踢而出，高与裆平；同时，左掌变拳收抱于腰间，右拳向前冲出，高与肩平，拳心向下；目视右拳。（图3-65）

图3-64

图3-65

二十七

侧身踹

【练法分解】

左脚后收，上体左转右倾；左脚向左侧踹出，高与腰平，力达脚掌；同时，两拳收于腹前；目视左脚。（图3-66）

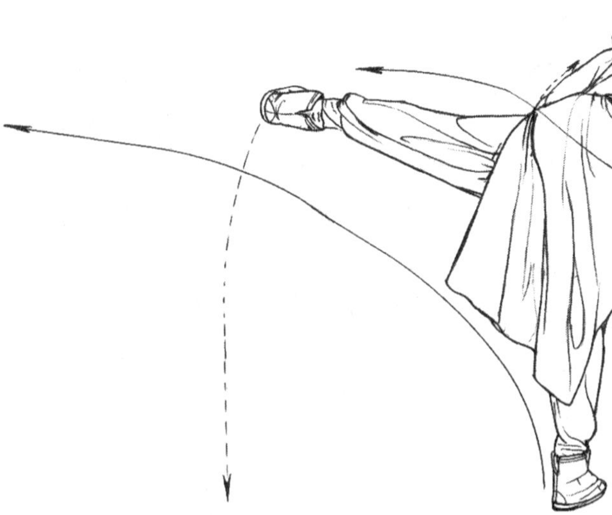

图3-66

后踹腿

二十八

【练法分解】

左脚向前落步，向右转身，右腿提起向右后方踹出，高与腰平，上体左倾；同时，右拳随转身向右侧击出，置于右大腿斜上方，拳心向下，左拳置于左肩前；目视右脚。（图3-67）

图3-67

二十九

穿心脚

【练法分解】

1. 右脚向前落步，左转体约360°，左脚向前上步，右膝前跪，成扭步；同时，右拳变掌，随转身向前斜劈，高与肩平，掌心向上，掌尖向前斜上方，力达掌棱，左拳收于左腰间；目视右掌。（图3-68）

2. 重心移于左腿，右脚向前上方蹬出，脚尖勾紧，力达脚跟，高与眼平；同时，两手成爪，屈臂护于胸前，高与眼平；目视右脚。（图3-69）

图3-68

图3-69

三十

钉腿

【练法分解】

1. 右脚向前落步，随即左转体，两腿屈膝半蹲，成左半马步；同时，右爪握拳抱于右腰间，左爪向左前方推出，高与鼻平，爪心向左；目视左爪。（图3-70）

2. 重心移于左腿，右脚向前弹踢而出，高与裆平；两手不变；目视左前方。（图3-71）

图3-70

图3-71

钩镰脚

【练法分解】

1.右脚向前落步，上体左转，左脚内收，成左高虚步；同时，左爪收于左腰间，爪心向下，右拳变爪向前上撩，高与眼平，爪心向上；目视右爪。（图3-72）

2.重心移于左腿，右腿向前勾踢上抬，膝部略屈，脚尖勾紧，高与腹平；同时，右爪甩于右后方，爪心向下，左爪向右划于右胸前方；目视右下方。（图3-73）

图3-72

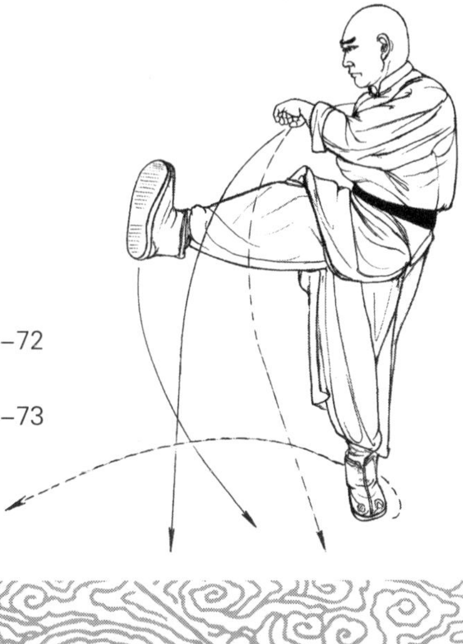

图3-73

三十二 虎尾腿

【练法分解】

1. 右脚向内收落，上体左转；两手下按于地面；同时，左腿向左后方擦地画弧扫于左侧，左转体180° 成左仆步；目视左脚。（图3-74）

2. 重心左移，上体右转前倾，同时，右脚向后撩蹬；右掌尖点地，左手斜伸于左侧；目视右脚上方。（图3-75）

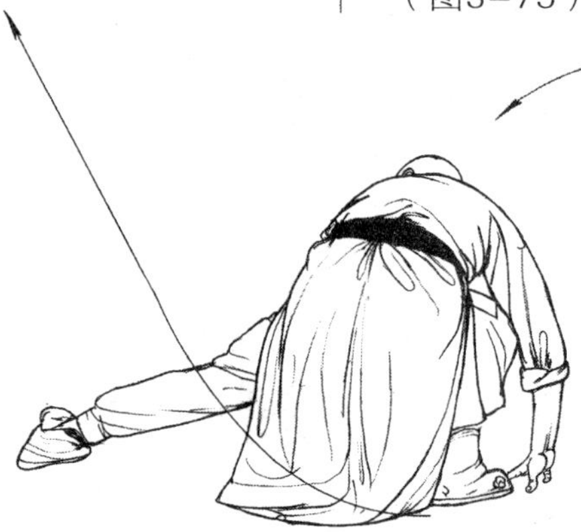

图3-74

图3-75

三十三 挂劈捶

【练法分解】

1. 右脚向下落地，上体右转，左腿蹬伸，成右弓步；右掌变拳，随起身转体向右前方挂劈，高与额平，拳面向上，左拳伸臂斜置于左后方，高与腰平；目视右拳。（图3-76）

2. 左脚向右前方跨一大步，右腿蹬伸，成左弓步；同时，左拳抡转，随上步向上经头顶向前挂劈而出，高与额平，拳面向上，右拳向右后方斜伸，高与腰平，拳眼向上；目视左拳。（图3-77）

图3-76

图3-77

三十四

抡扫捶

【练法分解】

1. 右脚先向左脚内侧画弧收拢，上体迅疾右转，左脚尖内扣，随即右脚向前弧形上进一大步，左腿蹬伸，成右弓步；同时，右拳随转身向前抡转扫出，力达拳背，高与眼平，拳眼向上，左拳收抱于左腰间；目视右拳。（图3–78）

2. 左脚向右前方跨上一大步，两腿成大开步势，同时，上体右转；左拳随上步转身向前横扫，高与额平，力达拳面，拳轮向前，拳心向下，臂略呈弧状，右拳收于左胸前，拳心向下；目视左拳。（图3–79）

图3–78

图3–79

三十五

挂搭捶

【练法分解】

1. 重心移于左腿，右脚随即向前跨一大步，左腿蹬伸，成右弓步；同时，左拳收抱于腰间，右拳随上步向前上方撞出，至与额平时，拳背前挂抖击发力，拳面向上；目视右拳。（图3–80）

2. 上体左转约180°，右脚尖内扣，左脚尖外展，成左插步；同时，左拳随转身反背向左后方扫挂而出，高与眉平，拳眼向上，力达拳背，右拳屈臂立肘护于右颌侧，拳面向上；目视左拳。（图3–81）

图3–80

图3–81

3. 动作不停。上体右转约360°，两腿转成左插步；同时，右拳随转体反背向右后方扫挂而出，高与鼻平，拳眼向上，力达拳背，左拳环臂置于右肩前，拳眼向上；目视右拳。（图3–82）

图3-82

挂捶扎脚

三十六

【练法分解】

1. 左脚向右前方跨一大步，右腿蹬伸，成左弓步；同时，左拳向前挂出，高与额平，力达拳背，拳面向上，右拳斜伸于右后方，高与胸平，拳心向上；目视左拳。（图3-83）

2. 右脚迅疾向前蹬出，力达脚跟，脚尖上翘，高与裆平；同时，右拳收于胸前，拳心向下，左拳前旋，伸臂前顶劲，拳心向下；目视左前方。（图3-84）

图3-83

图3-84

三十七 扫捶铲脚

【练法分解】

1. 右脚向前落步，左腿蹬伸，成右弓步；同时，右拳向前横扫，高与肩平，拳眼向上，左拳向左后方甩，斜伸臂于体后，拳眼向上，高于肋部；目视右拳。（图3-85）

2. 动作不停，左脚垫步，右脚迅疾向前铲出，高与腹平，力达脚掌外缘；同时，两拳收于胸前，肘臂略垂；目视右下方。（图3-86）

图3-85

图3-86

扫脚搭捶

三十八

【练法分解】

1. 右脚向前落步，左脚迅疾上于右脚后方，随即，右脚向前勾踢，略高于左膝部，同时，上体略右转；右拳屈臂垂肘于身前，拳面向上，高与鼻平，左拳置于右肩前方；目视右下方。（图3-87）

2. 右脚向前落步，脚尖内扣，左脚尖外摆，上体迅疾左转，下盘成左高虚步，重心落于右腿；同时，左拳随转体向左后方反背横扫，高与鼻平，拳眼向上，力达拳背，右拳变掌护于左肩前，头部左转；目视左拳。（图3-88）

图3-87

图3-88

三十九

扫马穿拳

【练法分解】

1. 左脚向后撤一步，随之左转体，重心落于右腿，屈膝半蹲，成左虚步；同时，右掌变拳向前下方击出，高与腹平，拳心向下，左拳收于右上臂内侧；目视右下方。（图3-89）

2. 左脚前移半步，左腿蹬伸，右脚尖外展，上体右转，成右横裆步；同时，右拳回收，抱于右肋侧，肘部后拉，左拳向左冲出，高与肩平，拳眼向上；目视左拳。（图3-90）

图3-89

图3-90

四十

照镜拳

【练法分解】

1. 右脚向左前方跨一步，上体稍左转，仍成右横裆步；同时，右拳向右侧拉开，略低于肩，臂呈弧形，左拳变掌向左前下方切出，高与腹平，掌棱向前；目视左掌。（图3–91）

2. 上体左转，右腿蹬伸，成左弓步；同时，左掌变拳，随转身向左后方划臂斜伸，拳眼向上，高与腰平，右拳随转身向左前上方勾撞而出，高与鼻平，拳面向上；目视右拳。（图3–92）

图3–91

图3–92

四十一

转身鞭拳

【练法分解】

1. 右脚向右上步，上体右转，左腿蹬伸，成右弓步；同时，右拳随上步下收于腹前，继随转身向前上方反背挂击而出，高与头平，左拳成掌，护于右腹前，掌心向下；目视右拳。（图3–93）

2. 左脚经右腿后方向前插一大步，上体迅疾左转，右腿蹬伸，成左弓步；同时，左掌变拳，随转身向左上方鞭拳，高与额平，拳眼向上，力达拳背，右拳向右下方甩，高与臀平，拳眼向上，右臂伸于体后；目视左拳。（图3–94）

图3–93

图3–94

四十二

拗笋

【练法分解】

1. 右脚向左外侧弧形绕上一步，左转体，两腿屈膝下蹲，成左低半马步；同时，两拳变掌，随转身向下分开，置于两膝外侧，两臂均呈弧形；目视左下方。（图3–95）

2. 右膝向左沉跪，上体前探，成左跪步；同时，两掌向前合抱而出，左掌抱住右掌背，虎口向上，高与腹平；目视两手。（图3–96）

图3-95

图3-96

飞鹤打虎

四十三

【练法分解】

1. 重心前移，左腿伸膝立起，右腿屈膝向前上方提撞而出，高于腹部，脚掌后收；同时，两掌左右分开，上举于两肩上方，屈腕折掌，五指散开，掌心向下，掌尖斜向前；目视前方。（图3-97）

图3-97

2. 右脚向前跨落，左腿蹬伸，成右弓步；同时，两掌向前下方画弧。至与胸平时，向左右分开，展臂，两掌与肩平时，手指撮拢成勾手，指尖向前，虎口向上，昂首挺胸；目视前方。（图3–98）

图3–98

四十四 金童探穴

【练法分解】

两勾手向前下方合，至右膝前上方变掌，两掌相交叉向前下按，右掌根按住左掌背；同时，上体前倾，含颌低头前撞，高与胸平，力达头顶，鼻发“哼”声。（图3–99）

图3–99

四十五

扑翼高扫腿

【练法分解】

1. 上身立起左转，下盘成右横裆步；同时，左掌变拳，随转体向左上方鞭击而出，拳面向上，力达拳背，高过头顶侧，右掌变拳，斜伸于右下方，拳心向上；目视左拳。（图3-100）

2. 重心移于左腿，上体左转，右腿向左前上方扫出，高与额平，力达脚背，同时，身略左倾；右拳举于头顶上方，拳面向上，左拳变掌，外展于左斜前方，掌心向外，掌尖向上；目视右脚。（图3-101）

图3-100

图3-101

四十六

摊打耕拦手

【练法分解】

1. 右脚继续左扫落地，上体随之左转，两脚平行站立，与肩同宽，两膝内扣，成钳阳马势；同时，右拳变掌，两掌收于两肋前，肘尖后拉，掌棱贴紧，挺胸收腹，劲力下沉；目视前方。（图3–102）

2. 右手向前上方摊掌，左掌向前推出，掌尖向上；目视左掌。（图3–103）

图3–102

图3–103

3. 左掌向左下拦，掌心向外，右掌背向前推，掌尖向斜上方，约与眼平，掌心向里；目视右掌。（图3–104）

4. 右脚向前上一步，左腿蹬伸，成右弓步；同时，两掌根相对，成蝶掌势向前推出，高与胸平，右掌在上，掌尖向上，左掌在下，掌尖向下；目视右掌。（图3–105）

图3–104

图3–105

四十七

截踢连环拳

【练法分解】

1.左脚向前踢出，脚尖上勾，力达脚跟，高与膝平；同时，右掌握拳抖劲前击，拳眼向上，高与鼻平，左掌变拳内收，置于右肩前，拳心向里；目视右拳。（图3–106）

图3–106

2. 左脚向前落步，重心前移，上体左转之际，提起右腿向右踹出，高与裆平；两拳稍沉；目视右侧。（图3–107）

3. 右脚向前落步，左脚迅疾跟进半步，上体右转，两膝内扣；同时，右拳收抱于右肋前，右肘向后拉劲，左拳向前冲出，高与肩平，拳心向下；目视左拳。（图3–108）

图3–107

图3–108

四十八 公牛鸣角

【练法分解】

1. 右脚尖内扣，左脚尖外展，上体左转，左脚前移半步，右腿蹬伸，成左弓步；同时，左拳随转身向左前上方撞出，高与额平，拳面向上，右拳下移抱于腰间；目视左拳。（图3–109）

2. 右脚内收半步，右膝内扣；同时，右拳向左前上方冲出，拳眼向上，高与眼平，左拳内勾下压于腹前，拳心向下；目视右拳。（图3–110）

图3-109

图3-110

四十九

凿石开山

【练法分解】

1. 左脚前移，右腿蹬伸，成左弓步；同时，右拳收回抱于右肋间，左拳向前冲出，高与嘴平，拳心向下；目视左拳。（图3-111）

2. 右膝向前沉跪于左小腿后侧，成左扭步；同时，左拳收抱于腰间，右拳向前下方砸击，高与腹平，力达拳棱，拳眼向上；目视右拳。（图3-112）

图3-111

图3-112

五十 横扫千军

【练法分解】

右脚向左前方跨进一大步，左腿蹬伸，成右弓步；同时，右拳收向怀内之际，迅疾向前上方反背横扫，高与额平，力达拳背，拳眼向上，左拳抱腰不变；目视右拳。（图3-113）

图3-113

五十一 鸣鼓惊天

【练法分解】

1. 左脚向前跨一步，屈膝半蹲，右膝沉跪于左小腿后侧，成左扭步；同时，右臂屈肘下沉，肘尖高与小腹平，拳心对胸，左拳置于右上臂内侧；目视右下方。（图3-114）

2. 左脚前移，右腿蹬伸，成左弓步；同时，右拳向前上方冲出，高与额平，拳眼向上，左拳变掌向前切出，置于右肘尖下方，高与肋平；目视右拳。（图3-115）

3. 右脚向左前方跨进一大步，左腿蹬伸，成右弓步；同时，右拳内旋，屈肘竖臂于额前上方，拳背向前，左掌向前推出，掌根与肩平，掌尖向上；目视左掌。（图3-116）

图3-114

图3-115

图3-116

五十二 闲庭独步

【练法分解】

1. 左脚尖外展，上体左转约180°，右脚随转身向前蹬出，脚尖勾紧，力达脚跟，高与裆平；同时，左掌随转身向左前方划推，掌棱向前，掌尖向上，高与眉平，右拳下落伸臂于右大腿内侧近膝部，拳眼向前斜上方；目视左掌。（图3–117）

2. 右脚向前落步，左脚跟半步，屈膝半蹲，重心移于左腿，成右虚步；同时右拳向前抖出，屈臂平胸，拳眼向上，左掌下按，护于右肘弯内侧；目视前下方。（图3–118）

图3–117

图3–118

五十三 鹤舞秦庭

【练法分解】

1. 右脚内收一步，脚尖点地于左脚内侧，成右丁步，同时，上体略左转；左掌变拳向左后方上拉，置于左肩前，拳心向下，肘臂平肩，右拳变掌，掌尖向上，掌心向左，右臂屈肘竖臂于胸前；目视右前方。（图3–119）

2. 借身体往下一沉之际，左腿蹬伸而起，右脚向前铲出，高与左膝平，力达右脚掌外缘；同时，右掌变拳，肘尖向右前方上展，两拳面相对；目视右前方。（图3-120）

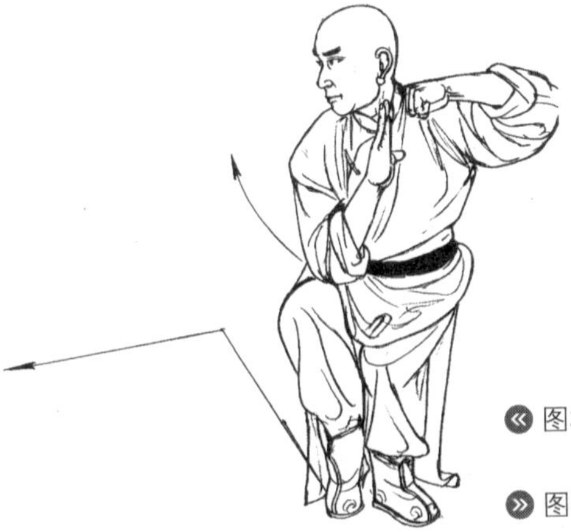

« 图3-119

» 图3-120

五十四

大鹏展翅

【练法分解】

1. 右脚落步，重心下沉，两腿屈膝半蹲，成右半马步；同时，右拳变掌，向右转腕前插，掌尖高与鼻平，右臂屈肘折腕，成蛇形掌势；目视右掌。（图3-121）

« 图3-121

2. 重心移于右腿，上体右转，左脚提起向前上方踹出，高与额平；同时，右掌变拳收于右胸前，左拳变掌向左前方伸出，掌心向下；目视左脚。（图3-122）

3. 左脚向前落步，重心移于左腿；右脚尖内勾，脚跟略离地面，膝部伸直；同时，右掌向右斜下方扫出，高与臀平，掌心向下，掌尖向右前下方，左掌置于右上臂内侧；目视右下方。（图3-123）

图3-122

图3-123

五十五

虎凭豺狼

【练法分解】

1. 右脚向右后方收退一步，上体右转，左脚迅疾向前上一步，前脚掌着地，重心移于右腿，两腿屈膝半蹲，成左虚步；同时，右掌收回右腰间成爪，爪心向上，左掌向前屈指抖劲成爪，虎口向前，高与胸平；目视左爪。（图3-124）

2. 左脚前移半步，右腿蹬伸，成左弓步；同时，左掌旋转前按，高与腹平，右掌向前推出，高与眉平；目视右爪。（图3-125）

图3-124

图3-125

五十六

单虎出洞

【练法分解】

右脚向左前方跨一大步，重心移于左腿，右脚前脚掌着地，成右虚步；同时，右爪收于右腰间，爪心向上，左爪向前上方推出，高与眼平，臂呈弧形；目视左爪。（图3-126）

图3-126

五十七 猛虎扒沙

【练法分解】

1. 左脚向前跨一大步，右转体，重心移于右腿，成右横裆步；同时，两爪变掌，随转体向右下方划劈，左掌置于裆部右前方，掌心向右，掌棱向下，右掌置于右腹外侧，掌心向下，掌尖对左腕内侧；目视左下方。（图3–127）

2. 右脚尖内扣，右腿蹬伸挺膝，重心移于左腿，上体左转，成左弓步；同时，两掌变爪，随左转体向前推出，臂与肩平；目视双爪。（图3–128）

图3–127

图3–128

五十八 勾弹脚法

【练法分解】

1. 右脚向右前方上一步，两腿屈膝半蹲，成左半马步；同时，右爪变单指掌，下按于裆部前方，手心向下，指尖向左前方，左爪变单指掌向前抖劲，掌棱向前，高与额平；目视左掌食指。（图3–129）

2. 左脚前移，右腿蹬伸，成左弓步；同时，左掌向左前方上抡，掌心向前，右掌变爪向前上方推出，高与眉平；目视右爪。（图3–130）

3. 重心移于左腿，右脚向前勾踢，高与左膝平；同时，右爪向右后下方划落，高与臀平，爪心向后，虎口向下，左掌变爪，架于左额前方，虎口向下；目视右下方。（图3–131）

图3–129

图3–130

图3–131

五十九

猛虎下山

【练法分解】

1. 右脚向前落步，左腿蹬伸，成右弓步；同时，右爪向前按出，高与腹平，爪棱向前，左爪向前上方托出，高与额平，爪心向上，爪棱向前；目视前方。（图3-132）

2. 左脚向右前方跨一大步，右腿蹬伸，成左弓步；同时，左掌向右下方按于腹前，爪心向下，爪棱向前，右掌向前上方托推而出，高与头平，爪心向上，掌根向前；目视右爪。（图3-133）

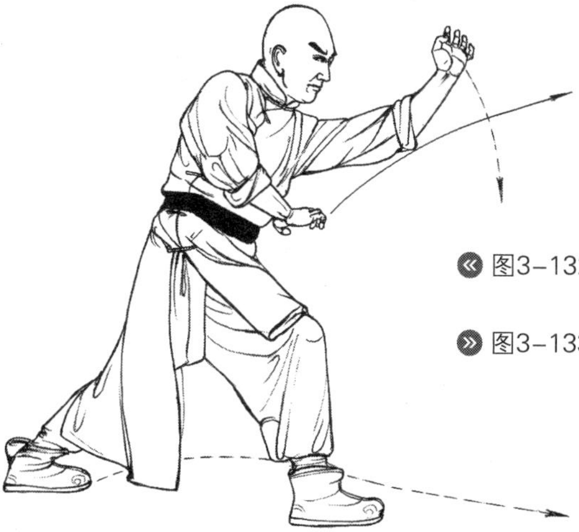

图3-132

图3-133

六十

还魂饱鹤

【练法分解】

1. 重心移于右腿，左脚内收半步，前脚掌着地，成左虚步；同时，右爪变掌收于右腰间，左爪变掌上提成鹤翅手，高与额平，手心向下，左臂屈肘折腕；目视左手。（图3-134）

2. 左脚向后撤一大步，重心左移，右脚跟提起，脚尖点地，成右丁步；同时，右手变鹤嘴手向前上方啄出，高与头平，虎口向上，指尖向前下方，右肘肘尖前顶，左手下收，置于右上臂内侧下方；目视右手。（图3–135）

3. 右脚前移半步，左腿蹬伸，成右弓步；同时，右掌尖前点，虎口向前，掌尖向左前方，高与眼平；目视右手。（图3–136）

图3–134

图3–135

图3–136

六十一 鹤嘴挑肘

【练法分解】

1. 左脚向前上一步，重心移于右腿，左脚前脚掌着地，成左虚步；同时，右肘向后下方收，右鹤翅手置于右腰间，指尖向下，左掌成鹤嘴手，向左前方勾出，高与肋平，虎口向下，指尖向外；目视左前方。（图3–137）

2. 身体上起，成左高虚步；同时，右鹤嘴手向前上方点啄，高与头平，虎口向上，指尖向左前下方，左鹤嘴手下收，高与腹平，指尖向下；目视右手。（图3–138）

3. 动作不停。上体略左转；右肘向前上方挑出，右鹤嘴手置于右面颊前，虎口对面，指尖向前；目视前方。（图3–139）

图3–137

图3–138

图3–139

六十二

双枝照阳

【练法分解】

1. 重心下沉，成左虚步；同时，右手收于腹前，与左手一起变掌，掌尖向前，掌棱相并，向前上方穿出，掌尖约与喉平，掌心向上，掌尖向前上方；目视前方。（图3–140）

2. 重心移于左腿，右脚向前经左脚内侧向右外侧画弧，于右侧落步，与左脚平行，屈膝半蹲成马步；同时，两掌坐腕向前推出，掌尖向上，掌根平肩；目视两掌。（图3–141）

3. 动作不停。两掌尖前压，高与鼻平；目视两掌。（图3–142）

图3–140

图3–141

图3–142

六十三

青龙出水

【练法分解】

1. 右脚向右后方画弧退步，上体右转，屈膝半蹲成马步；同时，右掌向右外侧摊掌，左掌向前插出，高与鼻平；目视左掌。（图3-143）

2. 动作不停。右掌内旋，向前方插出，高与鼻平，左掌外旋摊掌；目视右前方。（图3-144）

3. 随即，两掌抖劲成拳前击，高与颌平，拳心向下；目视前方。（图3-145）

图3-143

图3-144

图3-145

六十四

霸王开弓

【练法分解】

1. 上体左转，重心落于右腿，左脚内收半步，前脚掌着地，成左虚步；同时右臂垂肘竖臂，右拳变掌，置于右胸前，掌尖向上，掌心对右颈，左拳向左外侧画弧下砸，高与腹平，拳面向下，拳轮向前；目视前方。（图3-146）

2. 动作不停。右掌变拳向前冲出，高与肩平，拳眼向上，左拳不变；目视右拳。（图3-147）

« 图3–146

» 图3–147

六十五 白鹤弹翅

【练法分解】

1. 右脚向左前方跨一步，左腿蹬伸，成右弓步；同时，右臂屈肘向前横击，高与鼻平，左拳收于左腰间；目视右前方。（图3–148）

2. 动作不停。右拳向前反背挂击，高与头平，拳面向上，左拳横臂于腹前，拳心向下；目视右拳。（图3–149）

« 图3–148

» 图3–149

六十六

沉手击

【练法分解】

1. 右脚向后撤一大步，上体右转，屈膝半蹲成马步；同时，右拳收抱于右肋侧，左拳变掌向裆前下插，掌尖向下，虎口向前；目视左掌。（图3-150）

2. 重心右移，成左半马步；同时，左掌向左上划，高与头平，掌尖向上，掌心向右，右拳变掌下按于裆前，掌尖向左；目视左前方。（图3-151）

图3-150

图3-151

六十七

肘膝双击卧腿

【练法分解】

1. 两脚向左滑步，右腿蹬伸，上体稍左转，成左弓步；同时，左臂屈肘向前顶出，高与嘴平，左拳置于左肩前下方，右掌上划，竖于右肩前上方，掌尖向上，掌心向左前方；目视左前方。（图3-152）

2. 重心移于左腿，右腿迅疾屈膝向前上顶撞，高与腹平；同时，右掌变拳向右下划，垂于臀部右后方，拳面向下，左拳前翻内扣置于面前，拳心向下，高与额平；目视前方。（图3–153）

3. 动作不停。上体左转前倾；左掌下伸按地于左脚外侧；同时，右脚向后上方扫出，力达脚背；右手悬臂于裆下；目视右脚。（图3–154）

图3–152

图3–153

图3–154

六十八

寸桥

【练法分解】

1. 右脚向前落地，上体立起左转，成左扭步；同时，左掌变拳，收抱于左腰间，右掌置于左肩前，掌心向下，掌尖向左；目视左下方。（图3–155）

2. 左脚向后撤一步，上体左转，重心移于右腿，伸膝直立，左脚跟稍提成左高虚步；同时，左拳变掌，与右掌一起向两侧分插，高与肩平，两掌心均向下；目视左掌。（图3–156）

图3–155

图3–156

六十九

柔桥

【练法分解】

1. 右脚向后退一步，两腿屈膝半蹲，成左半马步；同时，左掌变拳，向内旋转，继而向左撞，高与肩平，拳面向上，拳心向后，右掌左收，护于左胸前，掌尖斜向上，掌心向左；目视左拳。（图3–157）

2. 右脚向右前方上步，与左脚平行，上体左转，两腿屈膝半蹲，成马步；同时，右掌变拳前撞，高与鼻平，拳心对面，右肘肘尖下沉，左拳变单指掌旋转前推，食指尖高与眼平，两臂靠近；目视两手。（图3–158）

3. 动作不停。左脚向前上一步，右腿蹬伸，成左弓步；同时，左掌变拳，与右拳相并，收向下颌，双肘向前上方挑出，高与肩平；目视双拳。（图3–159）

图3–157

图3–158

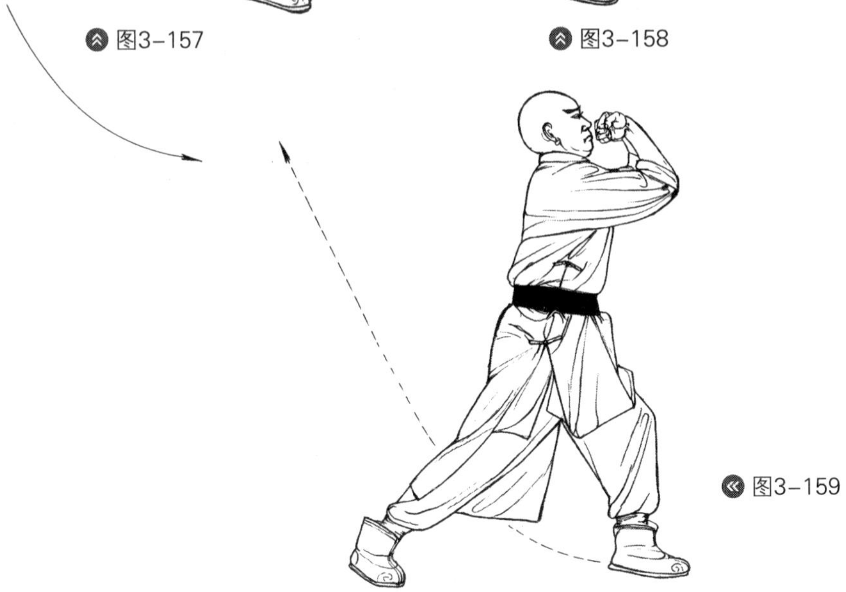

图3–159

七十

猛虎翘腿

【练法分解】

上体向前倾俯，约与地面平行，同时，左脚向后上方用力蹬出，力达全脚掌。（图3–160）

图3–160

七十一

勾劈蹬腿

【练法分解】

1. 左脚向后落地，上体左转，右腿蹬伸，成左弓步；同时，左拳随转身收于左腮侧，拳心向下，左肘肘尖向后平抬，右拳随转身向前上方勾撞，高与额平，拳面向上；目视右拳。（图3–161）

2. 重心移于左腿，右脚向前踹出，高与裆平；同时，两拳向左侧甩出，左臂伸平，拳心向下，右拳置于左腋前，拳心向下；目视右前方。（图3–162）

图3-161

图3-162

七十二 猫儿洗脸

【练法分解】

1. 右脚前踏落步，左腿蹬伸，成右弓步；同时，左拳变爪向右前方推出，高与额平，右拳变爪，护于腹前，爪心向下；目视左爪。（图3–163）

2. 动作不停。左脚向前跨一步，右腿蹬伸，成左弓步；同时，左爪下按，高与腹平，右爪向前上方推出，高与额平；目视右爪。（图3–164）

图3-163

图3-164

七十三

藏锋敛锐

【练法分解】

1. 右脚向右弧形上步，与左脚平行，成马步；同时，右爪变拳收于右腰间，左爪变掌按于右拳面，上体右倾；目视两手。（图3-165）

2. 左脚尖外展，上体左转，成左虚步；同时，右拳、左掌向前方推于胸前；目视前方。（图3-166）

图3-165

图3-166

3. 左脚收于右脚内侧，并步正身直立；两手分开，左掌成拳与右拳一起收抱于腰间，两肘向后上提；目视前方。（图3-167）

4. 随即，全身松劲下沉；两拳变掌于腹前交叉，左下右上；目视前下方。（图3-168）

5. 两掌下落体侧，正头前视。全套收势。（图3-169）

图3-167

图3-168

图3-169